KB054210

고점에 물려 잠이 안 오는 투자자에게

주식투자 열심히 하지 마

주식투자 열심히 하지 마

초판 1쇄 발행 | 2023년 1월 20일

지은이 | 고진영
펴낸이 | 김지연
펴낸곳 | 마음세상

주 소 | 경기도 파주시 한빛로 70 515-501

신고번호 | 제406-2011-000024호
신고일자 | 2011년 3월 7일

ISBN | 979-11-5636-501-3 (03190)

원고투고 | maumsesang2@nate.com

* 값 14,500원

* 마음세상은 삶의 감동을 이끌어내는 진솔한 책을 발간하고 있습니다. 참신
한 원고가 준비되셨다면 망설이지 마시고 연락주세요.

고진영

고점에 물려 잠이 안 오는 투자자에게

주식투자 열심히 하지 마

마음세상

새벽 3시에 깬 이유

투자를 처음 막 시작했을 때 줄곧 새벽 3시에 잠에서 깨곤 했다. 악몽을 꾸거나 걱정으로 밤을 지새웠기 때문은 아니다. 일이 버겁긴 했어도 잠을 못 잘 정도로 고통스럽진 않았다. 무슨 미라클 모닝을 하겠다며 일찍 일어난 것도 아니다. 특별한 이유 없이 깼다. 깬 김에 스마트폰을 보다가 다시 잠드는 데 시간이 걸렸다.

예전 같으면 새벽 3시에 깨도 곧바로 잠이 들었다. 그 시간에 깼다는 사실을 기억도 못 할 정도로. 아마 많은 사람들이 그럴 것이다. 건강한 사람이라면 중간에 깨더라도 금방 다시 잠에 들기 때문에 피로가 잘 쌓이진 않는다. 그런데 나는 어느 순간 그때 곧바로 잠들지 않고 강박적으로 스마트폰을 켰다. 스마트폰을 켜서 인터넷 창에 '미국 증시'라고 쳐서 주가를 확인했다. 그냥 확인만 하고 자면 좋았으련만, 오르면 왜 올랐는지 내리면 왜 내렸는지를 알아봤다. 다음 날 아침 9시에 국내증시에 어떤 영향을 미칠지를 걱정했다. 생각과 검색은 꼬리에 꼬리를 물어 원자재와 채권 가격, 미국의 정치 상황, 실적 발표 전망치, 어떤 전문가의 경제위기 경고, 기후위기 등 모든 정보를 다 취하고 싶었다.

세계 주식시장은 주말을 제외하고 항상 문을 연다. 낮에는 아시아 주식시장이 개장하고, 저녁에는 유럽, 밤과 새벽에는 미국 주식시장이 문을 연다. 주가에 영향을 미칠 세상의 모든 요인은 연중무휴 변덕을 부린다. 세계 어딘가는 항상 정치인이 변덕을 부리고, 참혹한 전투가 일어난다. 기업은 새로운 혁신안을 발표하고, 범죄행위가 드러나고, 힘든 상황을 토로한다. 주식시장에 영향을 미칠 어떤 사건이 터질 때마다 투자자의 뇌가 켜진다면 결국 투자자는 잠을 잘 시간이 없다. 악재와 호재는 연중무휴다. 업무시간엔 국내주식, 퇴근 후 저녁에는 유럽주식, 자는 동안엔 미국주식이 요동친다. 나는 이 모든 이벤트에 '반응'했다.

반응은 직관적이고 본능적인 매커니즘이다. 의식적이니 행동이 아니란 말이다. 공포나 흥분이라는 감정은 원초적이다. 이 원초적 반응에 신경계는 곤두선다. 그 뒤로는 긴 고민 없이 충동적 행동이 감정을 뒤따른다. 이때 투자자들은 밤에 잠을 못 자고, 낮에는 일에 집중하지 못하고, 저녁에는 가정을 소홀히 한다. 불면과 소홀함은 절박함을 불러일으키고, 절박함은 무리한 투자를 하게 한다. 무리하게 투자하면 처음엔 운 좋게 성공할지 몰라도 결국에는 많은 돈을 잃는다.

투자는 반응이 아니라 전략과 행동이다. 의식적 행동이다. 투자자가 숙고 없이 반응만 하면 각성한 신경계 때문에 불면증과 부부싸움, 업무태만에 시달린다. 때로는 파산하기까지 한다. 나는 투자자로서 반응하기를 멈췄고 전략과 행동을 위한 지식과 경험을 쌓았다. 계속 주식시장의 변덕에 반응하기만 했다면 결국 본업과 가정에 소홀해지고 돈을 잃었을지도 모른다.

주식투자에 뛰어든 이후 이런 고민에 빠진 투자자가 많다. 대략 이런 고민들이다. 처음 주식투자를 시작했던 나처럼 주식 때문에 잠이 안 온다거나, 신경이 예민해진다. 무슨 말만 하면 대화의 흐름이 암호화폐나 주식으로 흐른다. 혹은 직장동료가 투자를 한답시고 일에 집중을 못한다. 배우자가 몰래 중요한 돈으로 투자를 해서 크게 싸웠다. 연인이 주식 중독 같다. 배우자가 주식을 한 이후로 대화에 집중을 못한다. 가족 몰래 큰돈을 주식에 투자했는데 고점에 물렸다.

정도의 차이는 있겠지만 누구나 이런 시기를 겪는다. 여기서 투자자가 자신을 성찰하고 지식과 경험을 쌓아 성숙한 투자자가 된다면 마음 편히 투자 생활을 영위한다. 그렇지 못한다면 끝내 파산하거나 가정불화를 일으키거나 냉소와 회의만 남긴 채 주식시장을 떠난다. 지금 주식 때문에 힘들다면 이 분기점에 이르렀단 뜻이다. 주식 때문에 삶이 망가질 때 우린 세 가지 선택지 중 하나를 선택할 수 있다.

① 성숙한 투자자로 거듭난다

② 경제적·사회적·정서적으로 파산한다

③ 주식투자를 포기한다

이 책은 투자생활의 분기점에서 겪는 4가지 문제를 다룬다. 불면증, 부부싸움, 파산, 업무태만이 그것이다. 제1장에서는 먼저 주식투자를 잘한다는 게 무엇이고, 주식 때문에 밤에 잠을 못 자는 사람을 위한 조언을 포함한다. 제2장에서는 주식 때문에 부부싸움을 하지 않는 법과 투자를 하며 가족 간에 겪을 수 있는 갈등의 씨앗을 없애는 데 중점을 둔다. 제3장은 최소한 주식으로 '모든' 돈을 탕진하지 않는 기본적 태도와 투자전략을 소개한다. 제4장은 주식 때문에 도무지 일이 손에 잡히지 않는 투자자들을 위한 조언이다. 주식투자를 열심히 하지 말고, 본업이나 열심히 해야 할 이유를 냉정히 밝힌다. 마지막 제5장은 제1~4장보다 실제적인 지침을 담는다. 종목추천을 하겠다는 건 아니다. 고수가 되기에 앞서 누구나 따라할 수 있는 '무난한 투자 원칙'과 공부법을 소개한다. 어떤 종목을 언제 사서 언제 팔아야 할지가 주요 내용이다.

이 책을 읽을 때 주의사항이 있다. 첫째는 저자에 관한 주의사항이다. 이 책을 쓴 내가 투자 전문가는 아니란 점이다. 그저 누구나 투자하며 겪을 법한 문제를 똑같이 겪었고, 지금은 좀 더 안정적인 투자생활을 하도록 아주 조금만 성장했을 뿐이다. 걸러 들을 내용은 걸러

들어도 좋다.

둘째는 이 책을 쓰는 시기에 관한 주의사항이다. 이 책은 2022년 중순부터 원고를 작성했다. 2020년 코로나19 팬데믹의 여파, 러시아-우크라이나 전쟁, 인플레이션과 금리인상의 영향을 강력히 받는 시기이다. 책에서 종종 몇몇 실제 기업을 언급하는데 이는 이런 시대적 배경하에서만 유효한 설명이다. 시간이 흘러 주식시장을 둘러싼 여러 상황이 바뀔지도 모른다. 이 책에서 긍정적으로 평가한 기업의 주가가 떨어지고, 부정적으로 비판한 기업의 주가가 오를 수 있다. 종목 하나하나보다는 그 판단 과정과 맥락에 유의하며 읽기를 권한다.

모쪼록 주식으로 돈은 벌고 싶은데 일상에서 여러 어려움을 겪는 투자자들이 앞으로 잘 되길 희망한다. 수익도 잘 나오고, 밤에 잠도 편히 자고, 본업에서도 승승장구하고, 가정도 화평하길 바란다. 마음 편한 투자생활을 하시길!

제1장

주식 때문에
불면증에 시달리지 않으려면

주식투자를 잘한다는 것

이 책을 읽는 독자 여러분이 모두 주식투자를 잘하면 좋겠다. 물론 나도 잘하고 싶다. 그런 마음으로 책을 쓴다. 그렇다면 '투자를 잘한다'는 게 무슨 의미일까? 잘한다는 게 뭔지 알아야 잘하는 것을 목표로 삼을 수 있다. 내가 생각하는 주식투자를 잘한다는 의미는 두 가지다.

주식투자를 잘한다는 첫 번째 기준
: '장기적으로' 수익이 잘 나온다

지금 당장 수익이 잘나온 것으로 투자 실력을 판가름할 수 없다. 수익이 '장기적으로' 잘 나올 때에야 비로소 잘한다고 할 수 있다. 단기적으로는 누구나 요행과 행운으로 높은 수익을 낼 수 있다. 특히 주식시장이 활황일수록 초보가 고수를 뛰어넘는 기적이 많이 일어난다. 진짜 실력은 몇 번의 약세장을 겪어본 후에야 판가름난다.

투자를 처음 시작할 때 누구나 인생 한 방 역전을 꿈꾼다. 옛날 시트콤의 한 장면이 떠오른다. 맨날 이리 치이고 저리 치이며 천덕꾸러기 취급받던 아버지가 어느 날 갑자기 주식이 대박을 터뜨려 팔자를 펴는 에피소드였다. 많은 투자자들이 이런 날을 꿈꿀지도 모른다. 마치 복권처럼 한 방에 대박을 터뜨려 사표를 직장상사 얼굴에 날리고 팔자 좋게 편한 여생을 누리는 삶.

하지만 이런 목표는 다 허상이다. 주식으로 부자가 되려면 가장 중요한 요소는 '시간'이다. 좋은 종목을 골랐다고 해도 수익이 복리의 궤도에 오르기까지는 기다려야 한다. 그 시간은 단 몇 달, 몇 년 만에 오지 않는다. 지금 워런 버핏이 모은 자산의 대부분이 인생 후반기에 벌어들인 자산이다. 저평가된 주식이 빛을 발하고, 기업의 잠재력이 빛을 발할 때까지 기다렸다. 워런 버핏은 투자 초기부터 폭발적인 성공을 한 게 아니다. 오랜 시간 끝에 성공했다. 그 기다림의 과정은 마냥 평온하지만은 않았다. 실패도 많았고, 오르락내리락 주가가 요동치며 온갖 낙관론과 비관론이 있었다. 단기적인 수익을 바라는 태도는 비현실적인 기대인데다 자칫 잘못된 투자 판단에 빠지게 한다.

욕심부리지 않고 딱 종합주가지수(코스피, S&P500 등)만 꾸준히 따르고 수익금을 적절히 재투자하면 어느 순간 수익은 눈덩이처럼 불어난다. 빠르게 부자가 되려다 빠르게 망하는 법이다. 장기적으로 주가는 결국 실적과 자산이라는 기업 본연의 가치를 따라가기 마련이다. 기업 가치에 근거하여 겸손하게 투자하면 수익은 장기적으로 잘 나오게 되어 있다. 우리는 '그냥 성공'이 아닌 '지속가능한 성공' 모델을 따라야 한다. 한 방을 노리는 단타로 우연히 일회적 대박을 터뜨릴 수는 있지만 결코 지속가능한 성공 모델이 아니다.

주식투자에서는 운과 우연이 단기적인 수익에 엄청난 영향을 미친다. 주식시장에는 정치인의 발언, 선거결과, 재해, 권위자의 말 한마디 같은 예측도 통제도 불가능한 요소가 산재해있다. 2016년 도널드 트럼프 대통령이 모두의 예상을 깨고 미국의 대통령에 당선되었을 때 주가가 폭락했다. 많은 전쟁과 테러는 예상치 못한 타이밍에 뜬금없이 터져서 주가를 폭락시켰다. 유력한 정치인이 규제완화의 시그널만 내도 해당 수혜주는 폭등한다. 이는 모두 기업의 내적 가치와는 무관하게, 그리고 예측할 수 없는 방식으로 발생한다.

주식시장은 마치 덤벙대는 채점관 같다. 정답을 오답으로 표시하기도 하고, 오답에 점수를 주기도 한다. 하지만 이 덤벙대는 채점관은 여러 번 채점한다. 처음에는 잘못 채점하지만 여러 번 채점하며 결국에는 정답에만 점수를 주고, 오답은 감점한다. 투자의 정석대로 투자해도 때로는 돈을 잃고, 도박하듯 투자를 해도 때로는 대박을 친다. 하지만 10년 이상의 기간을 놓고 보면 결국 정석대로 투자하는 사람이 이긴다. 단기적으로는 요행으로 고수를 이길 수도 있고, 고수라도 어느 순간 큰돈을 잃게 되는 곳이 주식시장이다.

운과 실력을 구분하지 못하면 크게 한 번 데인다. 재현할 수 없는 성공은 행운이다. 실력이 아니다. 운 좋은 바보는 바보짓을 반복한다. 그게 맞는 방법인 줄 알고 계속 한다. 크게 한 번 데어봐야 얼마나 무모한 짓인지, 근거가 없는 전략이었는지 깨닫는다. 운 좋은 바보 중에서도 그나마 이때 깨닫고 제대로 된 방법을 배우면 다행이다. 진짜 바보는 틀렸다는 사실을 인정하지도 않는다. 계속 잘못된 방식을 고집하다가 회생불능상태에 빠지거나, 아예 주식시장을 욕하며 투자에서 완전히 손을 놔버린다. 반면 불운한 고수는 언젠가 다시 일어선다. 단지 운이 안 좋아서 지금 당장의 결과가 안 좋을 뿐이다. 옳은 방법을 밀어붙이다가 결국에는 성공한다. 장기적으로 주가는 기업의 가치를 따라가고, 수익은 실력을 따라가기 마련이다.

주식투자를 잘한다는 두 번째 기준
: 밤에 잠을 잘 잔다

주식투자를 진짜 잘하는 사람은 지금 주어진 것에 충실하다. 낮에 할 일을 낮에 하고, 밤에 할 일을 밤에 한다. 집에서 할 일을 집에서 하고, 직장에서 할 일을 직장에서 한다. 낮에는 소중한 것(가족, 본업, 여가 등)에 집중하고, 밤에는 잠을 잘 잔다는 말이다.

주식 때문에 잠을 못 잔다는 건 그 자체로 투자방법이 잘못되었다는 강력한 증거다. 견고한 근거를 가지고 투자하는 사람은 단기적인 주가 변동에 마음을 쓰지 않는다. 견고하지 못한 근거로 투자에 뛰어들면 일시적이고 작은 변동에 광기와 패닉을 오간다. 그러니 잠이 오겠는가. 풍문, 테마, 소문, 직감, 느낌, 차트의 시각적 패턴, 누군가의 조언, 유행은 아주 빈약한 투자 근거다. 안타깝게도 많은 투자자들은 이 빈약한 투자 근거를 가지고 투자하면서 밤잠을 설친다.

잠에 들기 전에는 새벽 동안의 미국증시와 내일 낮의 국내증시가 걱정돼서 잠이 안 온다. 잠을 자도 혹시나 하는 마음에 깨서 미국증시를 확인한다. 잠깐 확인하고 자면 그나마 낫다. 주가가 떨어지면 왜 떨어졌는지, 오르면 왜 올랐는지 검색하고 내일 국내증시에 미칠 영향을 알아보느라 또 잠을 못 잔다. 7~9시간의 수면시간을 확보해야 하건만, 안 그래도 바쁜 현대사회에 주식 걱정까지 끼어들어 잠을 자기 더 어렵다.

질 낮은 수면은 몸과 마음의 건강에 해롭다. 그뿐 아니라 계좌잔고에도 해롭다. 떨어진 주가 때문에 잠을 못 자고, 잠을 못 자서 판단력이 흐려진다. 흐려진 판단력으로 또 잘못된 투자 판단을 하는 악순환에 빠진다. 신경도 예민해져서 소중한 가족에게 화를 내고, 본업에 집중을 못해서 내 경쟁력은 떨어진다. 주식으로 돈도 잃고, 집안의 화목도 깨지고, 나도 피곤하고, 내 경쟁력도 떨어지는 총체적 난국이다.

주가는 수시로 날뛰지만 기업의 가치는 느리게 변한다. 가치에 집중하면 더 안정적인 투자를 할 수 있다. 밤에는 마음 편히 자고 낮에는 가정과 일에 충실하면서도 꾸준히 수익을 내어 언젠가 복리의 마법을 누린다는 말이다. 주식투자를 잘한다는 것은 이런 거다.

주식 고수는 의외로 말이 없고 조용하다. 아무도 모르는 내부정보를 가지고 대박을 터뜨리는 사람이 아니다. 진짜 고수는 누구에게나 동일하게 제공되는 데이터를 가지고 조용히 지켜보며 느리게 행동하고 오래 기다린다. 그들이 말을 아끼는 '주가의 단기적인 움직임은 그 누구도 예측할 수 없다'는 명백한 사실을 인정하고 자신의 한계를 알기 때문이다. 혼자만 잘 먹고 잘 살려는 게 아니다. 합리적 겸손이다.

지속할 수 없는 성공모델은 좋은 성공모델이 아니다

물론 누군가는 이 기준에 동의하지 않을지도 모른다. 하지만 주식투자로 돈만 잘 버는 것을 넘어서 인생을 잘 살아가는 게 목적이라면 이 2가지 기준을 적용해서 자신이 투자 판단을 돌아보자. 단기적으로 큰 수익을 냈어도 그것을 반복·지속할 수 없다면, 그리고 삶이 어딘가 고장 난 것 같다면 한 번쯤 이 원칙을 적용해보자. '장기적으로' 지속 가능한 성공모델을 찾아서 밤에는 편안한 마음으로 자자. 그리고 아침에 상쾌하게 일어나자. 주식뿐 아니라 모든 게 그렇다. 밤에 잠이 잘 들고 아침에 일어날 때 상쾌하다면 그게 성공했다는 뜻이 아닐까?

주식투자를 잘한다는 것은 장기적으로 높은 수익을 내며, 밤에 잠을 잘 자는 것이다. 이 둘 중 더 중요한 건 '밤에 잠을 잘 자는가'이다. 밤에 숙면을 취할 만큼 확실하고 합리적인 근거를 가지고 있다면, 장기적인 수익은 좋을 수밖에 없다.

밤잠 설치게 만드는 증시의 소음들

신호, 소음, 투자

주식에 조금만 관심을 기울이면 세간에 나돌아다니는 수많은 데이터, 풍문, 전망, 시각적 신호들을 볼 수 있다. 주식을 안 할 때는 전혀 몰랐는데, 주식을 하고 나서 보니 중요해 '보이는' 정보가 세상에는 너무 많다. 주식 중독자들은 그 중 하나라도 놓치면 큰일 날 것처럼 행동한다. 작은 신호라도 놓치지 않으려고 모든 뉴스, 공시, 전망, 의견, 여론, 소문을 파고든다. 사실 대부분 공시, 재무제표, 사업보고서보다는 종목토론방이나 주식갤러리에서 정보를 얻는다. 어딘가에서 터진 정치인의 말 한마디나 지정학적 위기가 행여 금융자본주의의 붕괴로 이어지진 않을까 불안해한다. 자는 동안 미국 주식시장에 어떤 호재나 악재가 터질지 몰라 신경이 곤두선다.

무수한 파장 중에 실제 주식투자에 필요한 '신호'는 아주 단순하다. 이 신호들에 대해서는 책 후반부에서 말해보도록 하겠다. 이외에 모든 파장은 밤잠을 설치게 만들고 투자판단을 흐리는 '소음'에 불과하다. 이 소음은 한여름 밤 모기의 날갯짓 소리처럼 밤잠을 방해한다.

증권방송과 각종 뉴스들 그리고 주식을 주제로 한 크리에이터들은 항상 우리의 주의를 뺏으려고 안간힘을 쓴다. 그들이 원하는 건 트래픽이다. 시청률과 조회수, 그로 인한 광고노출과 광고클릭 그리고 또 다른 수익으로 이어질 영향력이 그들의 목적이다.

이 트래픽을 위해 그들은 주식에 대해 이런저런 조언을 건넨다. 이 조언은 귀에서 떠나지 않는 이명(tinnitus : 귀에서 '삐-'하는 소리 같이 소음이 계속 들리는 질환)과도 같다. 옳은 조언이든 틀린 조언이든, 근거가 있든 없든 한 번 귀에 들어온 조언은 도무지 떠날 줄을 모르고 계속 생각난다. 심지어 잠자리에 들 때도 말이다. 모기의 날갯짓이나 이명 같은 이 정보소음은 사실 주가 예측에 별 도움이 안 된다.

나는 왜 잠도 못 자다가 기회를 날렸었나

내가 처음으로 미국 기업에 투자할 때 이야기다. 그때는 미국 주식이 좋다는 말은 들었는데 매수하는 방법을 몰랐다. 그래서 국내 증권사가 상장한 미국 4차산업 관련주를 모아둔 ETF에 간접투자를 했다. 내 투자 영역이 세계로 뻗어나가자 또 낯설고 불안했다. 매일 아침 일어나자마자 미국증시, 국제유가, 국제금시세를 확인했다. 가끔은 새벽에 일어나서 미국증시를 검색했고, 조금이라도 변동성이 큰 날에는 밤잠이 다 달아나서는 그 원인을 파악하려고 애썼다.

출근길에는 세계증시에 영향을 미칠 뉴스와 주가전망 유튜브 영상을 봤다. 근무시간에도 수시로 뉴스, 차트, 주가를 확인했다. 그렇게 '열심히' 투자한 결과 나는 곧 경제위기가 터질지도 모른다는 불안감을 느끼기에 이르렀다. 그래서 3%의 수익을 보고 차익실현을 해버렸다. 이후 3년이 지났고 그 ETF의 가격은 40%나 올랐다. 지금 돌아보니 당시 그 ETF는 애플, 마이크로소프트, 아마존, 구글(알파벳), 페이스북(현 '메타') 등 굉장한 기업들을 구성종목에 포함하고 있었다. 기다리기만 해도 더 많은 수익을 얻었을텐데 걱정과 불안 속에서 전전긍긍했다. 소음 속에 허덕이다가 잠은 잠대로 못 자고 더 많은 수익을 얻을 기회를 날려버렸다.

투자하면서 가장 잠을 못 잤을 때는 경제위기 전망에 현혹되어서 인버스 투자를 할 때였다. 인버스는 증시가 하락하면 반대로 가격이 오르는 금융상품이다. 예를 들어 코스피 인버스 상품은 코스피 지수가 1% 내릴 때 반대로 1% 수익을 내는 구조다. 증시가 하락하는만큼 돈을 벌고, 증시가 상승하는만큼 돈을 잃는다.

2018년, 주식을 시작한 지 얼마 되지 않았을 때 인버스 2배 레버리지 상품에 투자했다. 소위 말하는 '곱버스' 상품이다. 곱버스는 코스피 지수가 1% 내리면 이 상품은 2%씩 돈을 번다. 코스피 지수가 1% 오르면 곱버스는 2%씩 돈을 잃는다. 만약 경제위기로 코스피 지수가 20%나 빠질 때 곱버스에 투자하면 무려 40%의 돈을 벌 수 있었다.

당시 내 유튜브 피드는 경제위기 전망으로 가득했다. 몇 번 비관적인 전망 콘텐츠를 봤더니 알고리즘이 끊임없이 비슷한 영상을 추천해줬다. 10년에 한 번 경제위기가 온다는 '10년 주기설', 경제위기의 강력한 선행지표라는 '장단기 금리차 역전', 트럼프의 공격적인 반중 행보, 미국과 중국의 무역갈등 등이 모두 증시폭락을 예고하는 것처럼 보였다. 그래서 고민 끝에 곱버스를 매수했다.

하지만 막상 곱버스에 투자하고 나니 이번엔 낙관적인 경제전망이 눈에 띄었다. 내가 틀렸을지도 모른다는 불안감이 엄습했다. 당장 내일 주가가 오를지 내릴지, 경제위기가 언제 올지, 온다면 얼마나 증시가 하락할지를 예측하려고 더욱 많은 정보를 모았다. 그러면 그럴수록 불확실성은 더 커졌고 밤에 잠은 더 안 왔다. 다행히도 정말로 주가가 하락해서 수익을 보긴 했지만, 다신 겪고 싶지 않은 시절이었다. 이때가 주식투자를 가장 열심히 하던 때다.

주식투자는 인형 눈알 붙이기 알바가 아니다. 인형 눈알 붙이기 알바는 시간과 수익이 정비례한다. 밤 새워서 열심히 일하면 일할수록 더 많은 돈을 번다. 하지만 주식투자는 그렇지 않다. 잠을 설치며 소음에 귀를 기울일수록 신호에서는 더 멀어지고 그 소음 때문에 더 잠을 못 자는 악순환에 빠진다. 주식투자는 시간과 수익이 전혀 상관성이 없거나 종종 오히려 반비례한다. 주식투자는 열심히 하는 게 아니다. 될 수밖에 없는 투자를 해놓고 자기 할 일하고 잘 자면서 기다리기만 하면 된다. 일은 투자한 기업이 하는 거다. 내가 열심히 일할 필요 없다.

투자하기 좋은 알고리즘을 타고난 사람은 없다

투자자의 이성과 감

서양의 많은 철학자들은 이성이야말로 짐승과 인간을 본질적으로 구분하는 기준이라고 생각했다. 감정에 휩쓸리지 않고 진실과 진리를 가려내는 능력 말이다. 이는 인간만이 지닌 고유한 능력이고, 인간이라면 완전한 이성에 도달해야 했다. 이성적 투자란 사실, 논리, 근거를 가지고 매수, 매도, 보유 여부를 선택하는 투자다. 차트의 시각적 변동과 이런저런 정보소음에 마음을 빼앗기지 않고, 차분히 분산·장기·가치투자의 원칙을 고수한다. 하락장에서 패닉에 빠지지 않고, 상승장에 과도한 리스크를 떠안지 않아야 한다. 이성적 투자는 이상적 투자처럼 보인다.

　문제는 사람이 그 본성상 이성적이고 합리적일 수 없다는 점이다. 철학자들이 인간의 이성을 찬미했지만, 인간의 뇌는 비이성적이다. 대부분의(사실상 모든) 경우 이성과 논리는 기껏해야 직감적으로 끌리는 선택을 사후에 합리화하는 역할만 한다. 도덕심리학자 조너선 하이트는 인간의 판단과 행동에서 (흔히 '감'이라고도 하는)직관을 총리에, 이성은 공보관에 비유한다. 이성은 총리인 직관이 내린 판단을 사람들에게(그리고 자신에게) 합리화하고 근거를 덧붙여줄 뿐, 직관적인 판단과 행동을 바꿀 권한은 없다.

　인류 진화사에서 계획과 통제 등 이성적 기능을 담당하는 뇌의 전두엽 부분은 가장 늦게 진화했다. 대신 공포를 담당하는 편도체와 감정을 주관하는 변연계는 전두엽보다 훨씬 무구한 세월동안 인간의 판단과 행동을 지배해 왔다. 이성을 주관하는 뇌 부위가 공포를 비롯한 감정을 주관하는 뇌 부위보다 짬(?)이 낮으니, 전두엽의 이성적 기능에게 최종결정권은 없다. 결정은 직관과 감정이 하고, 이성은 변호할 뿐이다.

행복회로와 패닉을 극복하는 방법

　비이성적인 낙관과 비관 속에서 정신을 차리려면 나의 안과 밖을 정비해야 한다. 나의 안은 기업의 내재가치를 나타내는 데이터로 채우고, 내 밖은 소음을 일으키는 알고리즘을 청소해야 한다. 완전히 이성적인 투자자는 될 수 없지만, 적어도 어처구니없는 실수는 면한다.

　나 역시 때때로 비관적 전망에 눈길을 사로잡히기도 하고, 행복회로를 돌려 투자한 기업의 이상향을 그려본다. 하락장에는 더 하락하기 전에 매도하고 싶은 마음이 든다. 상승장에는 고점일까 봐 두렵기도 하고, 더 오를 기회를 놓치진 않을지 조바심이 나기도 한다. 그래서 수시로 주가를 확인하고, 새벽에 잠에서 깨면 미국증시를 확인했다. 사지 않은 종목은 다 좋아 보였고, 보유한 종목은 다 안 좋아 보였다. 그러니 보유종목 목록은 수시로 바뀌었다. 이건 다 장기독재 중인 변연계와 편도체가 주식투자를 했기 때문에 일어난 일이다.

　주식투자를 처음 시작할 때에 비하면 지금은 그나마 사고회로가 좀 정돈된 상태다. 당연히 정돈된 사고회로를 타고난 것은 아니다. 여전히 변연계와 편도체가 정권을 잡고 있지만, 전두엽이 내는 소수의견을 조금 반영하도록 만들었다. 전두엽이 일할 수 있는 도구를 몇 개 쥐여주며 사용법을 연마했을 뿐이다. 매수 타이밍과 매도 타이밍 그리고 종목 선택에 도움이 될 각종 지표를 공부했다. 재무제표를 공부했고 벤저민 그레이엄, 피터 린치, 워런 버핏, 앙드레 코스톨라니, 하워드 막스, 필립 피셔, 켄 피셔 등 거장들의 투자 원칙을 다룬 책을 읽었다. 반대로 기술적 분석과 단기시황분석을 다룬 유튜브 영상과 책은 멀리했다. 주식 관련 채널은 모두 구독을 취소했다. 어쩌다 피드에

뜨는 주식 관련 영상은 '관심 없음'으로 지정했다. 유튜브 알고리즘을 내 목표에 맞게 조작한 격이다.

그러자 내가 그동안 한 투자가 비이성적이라는 점을 깨달았다. 그러면서도 이성적이었다고 자부했다. 유튜브 알고리즘에 약간의 조작을 가하고 혼자 공부하며 나만의 투자원칙을 세워갔다. 아주 단순하지만 확실한 판단 시스템을 구축했다. 지금은 개장시간이 한참 지나서야 뒤늦게 주가를 확인한다. 그냥 일을 하다 보면 시간이 그렇게 흐른다. 보유종목은 거의 변화가 없다. 웬만한 변동성과 이런저런 풍문과 조언에도 매매원칙은 흔들리지 않는다.

지금은 매매 타이밍을 재려고 밤잠을 설치지 않는다. 그저 좋은 종목을 골라두고 정기적으로 매수하고만 있다. 배당금이 가장 많이 들어오는 3, 6, 9, 12월에만 분기별로 소액 정기매수한다. 외부적 사건으로 증시가 크게 폭락할 때는 예외적으로 목돈 일부를 빼서 분할매수하지만, 사실 그런 타이밍은 그리 흔치 않다.

투자할 기업을 선택하기 전에 PER(주가수익비율), PBR(주가순자산비율), ROE(자기자본이익률), 당좌비율, 부채비율, 매출, 영업이익률, 순이익률, 배당수익률, 배당성장률, 시장점유율, 사업부문별 영업이익 비중 등 몇 가지 간단한 지표만 우선 확인한다(이 지표들은 마지막 장에서 자세히 설명할 것이다). 종목 선택과 매매를 위한 사고회로가 지극히 단순해졌다. 판단은 직감과 눈대중보다는 수치에 근거한다. 유튜브에서 이러쿵 저러쿵 전망을 내놓는 영상은 아예 사라져 버린 지 오래다.

내가 비이성적인 존재라는 사실을 있는 그대로 인정할 것

주식투자에 처음 뛰어들었을 때 내 투자 판단 알고리즘과 사고회로는 엉망이었다. 피터 린치나 워런 버핏도 그렇고 동학개미들도 그렇듯 이성적인 알고리즘을 타고나지 못했다. 지금도 이성은 직감과 감정을 지배하지 못했다. 여전히 이성의 목소리는 소수의견에 머무른다. 많은 경우 이성은 직감과 감정을 언어화해서 대변하는 데 그친다. 호모 사피엔스의 머릿속에서 전두엽이 변연계와 편도체를 몰아내고 정권교체할 날은 영원히 오지 않을 것이다.

문제는 이 사실을 인정하느냐 안 하느냐다. 많은 사람들이 "인간은 모두 비이성적이다."라는 말에 쉽게 동의한다. 대신 자기 자신만은 그 '인간'의 범주에서 은근슬쩍 제외한다. 인간은 비이성적이지만, 나 자신은 이성적이라고 믿는다.

자신을 포함한 모든 사람이 비이성적이고 예측능력이 형편없음을 인정하자. 그렇지 않으면 자신의 행동을 끊임없이 정당화한다. 반성이 없으면 개선도 없다. 자신의 예측능력을 과신해서 잘못된 예측에 너무 많은 베팅을 한다. 내 판단이 틀릴 수 있음을, 내가 지금 패닉과 광기에 빠져있을 수 있음을 겸허히 받아들여야 한다. 조금이나마 더 이성적인 투자는 자신의 비이성을 있는 그대로 받아들이는 데에서 시작한다.

내가 생각하는 주식투자의 3대 고전

현명한 투자자(벤저민 그레이엄)
전설로 떠나는 월가의 영웅(피터 린치)
위대한 기업에 투자하라(필립 피셔)

〈슈퍼개미가 되기 위한 38가지 제언〉(백우진)은 투자의 거장들 각각의 투자 원칙을 두루 살펴볼 수 있도록 요약해두었다. 위 책들을 직접 읽는 게 훨씬 좋지만, 사정이 여의치 않다면 이처럼 여러 투자 거장들의 투자원칙을 정리한 대중서적도 추천한다.

눈을 감았는데 차트가 아른거린다

투자 대상을 분석하는 두 가지 방법

투자할 종목을 분석하는 방법에는 크게 두 가지가 있다. 하나는 '기술적 분석'이다. 기술적 분석은 캔들차트, 이동평균선, 거래량, 투자 주체별(개인, 외국인, 기관) 매매동향, 호가의 추세로 주가를 예측하고 투자 여부를 판단한다. 기술적 분석에 의존하는 투자자는 주가는 기업의 내재가치와 실제 주식을 사고파는 매매 추세는 다르다고 생각한다. 그래서 실적과 자산보다는 주식의 수급과 매매를 나타내는 데이터를 본다.

또 다른 분석 방법은 '기본적 분석'이다. 기본적 분석은 기업의 내재가치를 평가하여 투자 여부를 결정한다. 여기서 말하는 내재가치란 보통 이익과 자산을 말한다. 기본적 분석에 의존하는 투자자는 '주가는 기업의 가치, 즉 이익과 자산을 따라간다'고 생각한다. 실적과 자산이 탄탄한 기업은 장기적으로 주가가 오를 거라 믿는다. 대부분의 투자자는 기술적 분석과 기본적 분석을 모두 사용한다. 투자성향에 따라 무게중심을 어느 쪽으로 조금 더 두느냐의 차이다. 흔치는 않지만 몇 가지 특정 지표에만 의존하여 이 두 가지 방법을 모두 부정하는 경우도 있다.

기술적 분석과 기본적 분석 중 더 나은 투자 전략은?

기술적 분석과 기본적 분석 중에 실제 어떤 방식이 더 높은 수익을 내는지는 의견이 분분하다. 대부분의 연구 결과 통계적으로 기술적 분석보다는 기본적 분석의 기대수익률이 높다. 많은 연구에서 장기적으로 기술적 분석이 '매수 후 보유' 전략보다 수익률이 낮다고 보고한다. 일부 기술적 분석을 이용한 단기투자자는 기본적 분석이나 매수 후 보유 전략보다 높은 수익을 내기도 하지만, 대부분 매매수수료로 너무 많은 돈을 지불해 결과적으로 더 많은 손실을 본다. 한 증권사의 통계를 보면 매매를 적게 하고 보유기간이 길수록 평균 수익률이 높다. 일반적으로 적극적으로 매매하며 저점매수와 고점매도를 시도하는 액티브 펀드의 수익률이 종합주가지수를 추종하는 인덱스

펀드나 ETF보다 수익률보다 낮은 경우가 대부분이다. 액티브 펀드의 높은 매매회전율과 매매수수료 및 총보수에도 불구하고 말이다. 이 통계적 경향성은 부정할 수 없다.

하지만 기술적 분석에 의존하여 단타를 치면서 그 어떤 기본적 분석가보다 높은 수익률을 보여주는 사람도 분명 있다. 언제나 예외는 존재하는 법. 통계의 경향을 뛰어넘는 기술적 분석과 단타 실력자는 분명 존재한다. 그런 식으로 돈을 버는 투자자가 있다는 사실 역시 부정할 수 없다. 기본적 분석에 눈을 막 떴을 때는 기술적 분석가들이 모두 사기꾼이나 도박꾼이라고도 생각했지만, 꼭 반드시 그런 것만은 아니라는 것도 최근에서야 인정하게 되었다.

하지만 이것만은 확실하다. 기술적 분석은 기본직 분석보다 더 많은 시간과 노력이 필요하다. 정신적으로 피폐해질 가능성도 더 높다. 매매 동향을 나타내는 신호는 수시로 변한다. 시시각각 변하는 데이터에 대응하려면 더 많은 시간을 들여야 한다. 그때 그때 더 잦은 판단과 결정을 요구한다. 기술적 분석을 하다 보면 결정의 순간이 자주 온다. 그 잦은 결정의 순간은 금세 부담과 압박감으로 다가온다. 기술적 분석에 의존한 단타는 매매수수료라는 경제적 비용은 물론 시간, 노력, 정신까지 크게 소모한다. 기본적 분석은 처음 배우고 익히는 데 시간은 걸릴 수 있다. 하지만 기본적 분석 실력이 어느 정도 수준에 올라서면 훨씬 더 적은 노력을 들이며 돈을 번다.

기술적 분석이 주식투자의 전부인 줄 알았다

처음 주식투자를 하기 위해 공부하기 시작했을 때는 부모님의 가르침을 거역한 순간이었다. 부모님은 주식은 도박이라고 가르쳤다. 어머니는 '공부를 하든 안 하든 주식하면 패가망신하고 중독된다'고 생각했지만, 나는 '공부하면 도박이 아니라 투자다'라고 생각했다. 처음 취업했을 때, 지금이 저금리 시대라는 걸 깨닫고 주식투자를 해야겠다는 생각을 어렴풋이 했다. 하지만 나는 자본주의 시대의 까막눈이었다. 재무제표를 읽을 수 있는 최소한의 지식조차 없었다. 재무제표는 무슨, 주식투자의 개념조차 몰랐다. 나는 주식투자란 원래 기술적 분석이 전부인 줄 알았다. 차트의 추세를 읽는 법을 공부해서 적당히 치고 빠져 돈을 버는 거라고 생각했다.

어릴 때 아버지를 따라 증권은행에 들렀을 때에도 그런 투자자들밖에 못 봤다. 초췌한 아저씨들이 PC 모니터(지금보다 훨씬 두껍고 커다란 CRT 모니터였다)로 이리저리 차트를 보고, 객장에서 시시각각 변하는 숫자를 바라보던 모습이 아직도 생각난다. 그 숫자들이 뭘 의미하는지는 몰랐지만, 하염없이 그리고 열심히 바라보는 아저씨들이 넘쳐났다 서점에 나온 베스트셀러 중에는 기술적 분석에 근거한 단타를 다룬 책을 본 기억도 난다. 지금 생각해보니 그 모습을 봤을 때가 1999~2000년 닷컴버블 전후였던 것 같다.

아무튼 내가 생각하는 주식투자는 너무나 당연하게도 차트를 보고

하는 단타였다. 바닥을 찍었을 것 '같은' 차트 모양이 나올 때 매수하고, 고점을 찍었을 것 '같은' 차트 모양이 나올 때 매도하는 방식 말이다. 그래서 너무도 당연하게 유튜브에서 차트분석 강의를 찾아서 봤다. 바닥과 고점의 신호를 차트에서 찾아보려는 수많은 가설과 조언을 들었다.

주식은 공부하면 도박이 아니라고 했던 내 생각은 반은 맞고 반은 틀렸다. 공부하면 되지만, 차트의 모양만으로는 주가의 미래를 결코 알 수 없다. 차트 말고 다른 걸 공부했어야 했다. 열심히 공부는 했지만 결국 도박이나 다름없는 일을 해버렸다. 도박은 내 몸 속에서 도파민을 솟구치게 했다. 편히 잠들지 못했다. 자는 사이 미국 주식에 영향을 줄 수많은 차트의 움직임이 있을 테니까. 이렇게 고생을 해서 돈이라도 벌었으면 다행이겠지만 수익을 내지도 못했다. 6개월 정도 기술적 분석을 했지만, 통계적인 경향성을 뛰어넘을 정도의 지식과 기술을 갖추기엔 역부족이었다.

기술적 분석으로 실패한 후 투자 전략을 재정비했다. 공부의 방식을 바꿨다. 어느 날 투자 관련 통계를 봤다. 그 통계에 따르면 보유기간이 길고, 보유 종목 수가 많고, 매매가 적을수록 평균 수익률이 높다. 나는 결국 이 통계적 경향성을 따라가기로 했다. 미국 증시는 1년에 평균 약 7~9%가량 상승한다. 밤잠을 설치지 않으면서도 이 정도 수익률을 따를 수 있는 방법을 찾았다.

기본적 분석 배우기

차트가 아닌 다른 방식으로 투자 대상을 분석했다. 재무제표를 공부했고, 가치투자 거장들의 책을 읽었다. 종합주가지수를 추종하는 ETF의 비중을 늘렸다. 유튜브에서 기술적 분석과 단기시황분석을 멀리했다.

물론 기본적 분석과 가치투자 원칙을 지킨다고 한 번 '결심'했다고 해서 단박에 투자 습관이 바뀌진 않았다. 시시때때로 각종 소음이 귓가에서 윙윙거렸다. 이전의 단타 습관은 거의 중독이었다. 중독을 끊어내는 게 어찌 한 번의 결심으로 되겠는가. 단타 습관을 비워내고 그 빈속을 다른 원칙과 지식으로 채우는 데 시간과 경험이 필요했다.

조금씩 기본적 분석을 통한 가치투자의 방법을 배워갔다. 기술적 분석에 덜 의존하면서 잠을 잘 자게 되었다. 새벽에 깨서 미국 증시를 확인하지 않는다. 그러면서도 수익률은 더 높아졌다. 기술적 분석으로 시장을 이기기란 정말 힘든 일이다. 매매를 자주 하면 수수료도 든다. 통계적 경향성, 불안한 마음, 매매 수수료를 뛰어넘어 최고 기술적 분석가가 되기보다는 기본적 분석에 근거한 가치투자, 장기투자, 분산투자가 '일반적으로', '평균적으로' 더 적은 노력으로 더 많은 돈을 벌 수 있다.

제2장

주식 때문에
부부싸움을 하지 않으려면

언젠가는 들킨다

주식 때문에 부부관계가 파탄 나는 두 가지 경우

　주식투자 때문에 부부관계가 파탄 지경에 이르기도 한다. 대개 둘 중 하나다. 첫 번째 유형은 배우자 몰래 중요한 돈을 무리하게 투자한 사례다. 중도상환할 돈, 자녀 대학 등록금 낼 돈, 퇴직금, 전세자금으로 무리하게 투자했다가 돈을 날린다. 돈도 돈이지만 인간적인 신뢰 자체를 깨버린다.

　2017년 코인 열풍 당시(나는 재테크나 투자에 관심조차 없었을 때) 온라인 상에 떠돌아 다니던 한 게시물이 있었다. 아내 몰래 전세자금을 투자했다가 거품이 꺼지며 큰 손실을 봤다고 한다. 그 뒤로 글쓴이는 어떻게 됐을지는 모르겠다. (후기가 안 올라오는 것 보면 아내한테 맞아 죽었을지도…….) 이처럼 가정에 중요한 돈으로 몰래 투자했다가 큰 손실을 보는 사례는 은근히 흔하다. 최근 한 지인의 지인은 남편 몰래 암호화폐에 투자했다고 한다. 손실이 불어나서 당시 몰래 알바하면서 손실액을 메우고 있다고 한다.

또 다른 한 유형은 주식에 지나치게 몰두해서 본업과 가정에 소홀해지는 사례다. 주식으로 돈을 얼마나 벌었는지는 중요하지 않다. 수익률을 떠나서 가족과 멀어진다. 주가 확인을 하느라 일터에서는 일에 집중하지 못한다. 집에서는 가족을 돌보지 못한다. 주가의 등락에 따라 감정기복까지 심해진다. 소중하지만 익숙하고 편안한 존재인 가족은 감정 기복을 있는 대로 쏟아내기 좋은 감정 쓰레기통으로 전락한다. 투자 수익으로 아직은 연봉을 뛰어넘는 소득을 올리진 못하지만, 벌써부터 파이어족이 될 거라며 호언장담하다가 회사에서 평판이 낮아진다. 뭔가에 씐 것 같아서 부모나 배우자로서 전혀 믿음이 가지 않는다. 그 모습을 바라보면 불안하기만 하다.

냉정히 말해서 둘 다 이혼사유다. 특히 첫 번째 유형처럼 몰래 하는 주식투자로 돈을 잃는 것은 정말 위험하다. 몰래 하는 것도 문제고, 많은 돈을 잃은 것도 문제다. 결혼 후 배우자와 재정 관리를 완전히 분리한 경우가 아닌 이상 큰돈을 쓰거나 굴릴 때는 배우자와 협의해야 한다. 그리고 주식이든 뭐든 그 어떤 것이라도 가족을 등한시하고 신뢰를 주지 못해서는 안 된다. 돈을 떠나서 신뢰가 깨진다면 부부관계는 위태롭다.

배우자 몰래 주식투자를 하는 사람은 이런 상상을 한다. 주식투자로 대박을 치고 나서 "짜잔! 사실 지금까지 몰래 투자했는데 대박이 났어. 이건 다 당신(또는 우리 가족)을 위한 거였어!"라고 말하는 거다. 그리고 가족들의 존경과 애정을 듬뿍 받고 싶은 마음일 테다. 물론 이보다 좀 더 질이 낮은 동기도 있다. 그냥 개인적인 비상금을 만들어서 가족 몰래 유흥비로 쓰려는 목적이다. 어쨌든 몰래 투자해서 대박을 낼 수 있단 생각, 그리고 그 돈으로 자신이 얻고 싶은 것(존경, 애정, 유흥)을 얻으려는 속셈이다. 자만과 욕심에서 비롯한 희망이다.

결국 들키게 되어 있다

의도가 어떻든 간에 배우자 몰래 하는 투자는 결국 들킨다. 그 어떤 관계보다 밀접한 부부 사이에 돈 문제는 안 들키는 게 어렵다. 주식으로 큰 수익을 확정하려면 대체로 긴 시간이 걸린다. 빠르게 대박을 치려다가 대부분 쪽박을 찬다. 그 긴 시간 동안 배우자에게 들킬 기회는 무수히 많다.

무언가 몰래 저질렀다는 사실, 중요한 돈을 투자했다는 사실 때문에 묘하게 태도가 달라진다. 포커페이스를 유지하기 어렵다. 주가 등락에 따라 불안과 환희가 교차하고, 평상시 관심이 그쪽으로 향하다

보면 대화의 흐름이 꼭 경제, 금융, 주식, 기업 쪽으로 흐른다. 묘하게 달라진 태도에 배우자는 촉이 발동한다.

포커페이스를 유지하더라도 들킬 기회는 숱하다. 정기적으로 증권사에서 발송하는 우편과 문자메시지, 스마트폰에 깔린 증권사 앱, 검색창의 자동완성 기능, 유튜브 알고리즘 이 모든 증거가 투자하고 있음을 보여준다. 배당금을 지급하는 기업에 투자할 때 월, 분기 또는 연 단위로 배당 안내 우편 때문에 투자 사실과 금액이 탄로 나는 사례가 가장 흔하다.

중요한 돈을 횡령(?)했다면 몰래 투자할 수 있는 기한이 정해져 있다. 자녀 대학 등록금으로 투자했다면 대학교 등록일에, 전세자금으로 투자했다면 집주인에게 송금하기로 한 날에 들통날 수밖에 없다. 그때가 되면 좋은 마음으로 그랬다느니, 친구가 잘못된 정보를 물어다 줬다느니, 곧 수익이 날 것이라느니 하는 말들은 모두 소용이 없다. 손실은 손실대로 보고 자칫 생각지도 않았던 빚이 생기고, 가계 재정에 엄청난 불확실성 폭탄이 떨어질 테니 말이다.

설령 몰래 한 투자로 수익을 냈다고 해도 문제다. 그렇게 중요하고 큰돈을 상의도 없이 투자했다면 어떻게 배우자를 믿을 수 있겠는가? 적은 용돈을 줄 때조차도 이 돈으로 딴 짓을 하진 않을지 의심하게 되지 않을까? 투자 과정이 투명하지 않았기에 지금처럼 계속 수익을 낼 수 있는지, 똑같은 방식으로 또 했다가 다음번에는 크게 실패하진 않을지 알 수가 없다.

주식투자를 반대하는 가족을 설득하는 법

이번 장에서는 주식투자를 탐탁지 않아 하는 배우자를 설득하여 투명하게 주식투자를 시작하는 법을 다룬다. 주시투자를 반대하는 배우자가 있다고 해서 몰래 하는 것은 바람직하지 않다. 주식투자에 반대한다면 그 판단은 십중팔구 직관적이고 감정적이다. 직관적이고 감정적인 생각을 말 몇 마디, 과도하게 확신에 찬 말투, 대박을 친 몇몇 사례만으로 설득하는 것은 불가능하다. 위에서 말한 듯 직관은 총리고, 이성은 공보관이다. 다음 일련의 단계를 거쳐서 신뢰와 지지를 받아내는 게 중요하다. 그렇게 하는 편이 자산과 가정의 평화 모두를 위해 훨씬 낫다.

우선 소액투자로 실력을 증명해 보자. 다음으로 부모와 배우자로서 흔들리지 않는 모습을 보여줘야 한다. 주식에 중독되지 않고 여전히 좋은 부모, 좋은 배우자가 될 수 있다고 보여줘야 한다. 또 투자 원칙과 매매 과정을 낱낱이 공개하자. 근거는 합리적이고 논리적이어야 한다. 이 3가지 원칙을 지킬 수 없다면 좋은 투자자가 아니므로 하지 않는 게 좋다. 만약 이 3가지 원칙을 지킨다면, 주식투자에 질색팔색을 하던 배우자도 마음을 바꿀 수 있다. 이 원칙을 지켰는데도 주식투자에 반대한다면 뭘 해도 허락하지 않을 것이다. 그 정도로 혐오한다면 그냥 가정의 평화와 사랑하는 상대방의 안위를 위해서 안 하는 게 좋을 듯하다. 위에서 말했듯, 몰래 하는 투자는 언젠가 들통나기 마련이니까.

몰래 하는 투자는 언젠가 걸린다. 주식투자를 강력히 반대하는 배우자는 이렇게 설득하자.

첫째, 소액투자로 실력을 증명하기
둘째, 부모와 배우자로서 흔들리지 않는 모습 보여주기
셋째, 투자의 원칙과 매매 과정 공유하기

소액투자로 실력을 증명하기

논리적 설득이 아닌 감정 유발하기

배우자가 주식투자를 반대한다면 어떻게 설득할 수 있을까? 일반적으로 저금리 시대인 점, 주식은 장기적으로 우상향한다는 점을 근거로 들거나 이 타이밍 이 종목은 정말 100% 확실하다고 소리 높여 호언장담할 것이다. 하지만 어떤 일이든 이런 식으로 강변을 토하며 나름의 논리로 무장하는 것은 설득에 도움이 안 된다. 말보다는 눈으로 결과를 보여주고, 상대방의 논리를 공격하기보다는 감정을 흔들어야 상대방의 생각을 바꿀 수 있다. 설득의 목적은 말로 찍어 누르고 승리를 선포하는 게 아니라 상대방의 생각을 바꿔서 서로에게 좋은 방향으로 나아가는 것이다. 이게 「인간관계론」의 저자 데일 카네기,

도덕심리학자 조너선 하이트, 그리고 수많은 마케팅 전문가가 말하는 설득의 기술이다.

'후회'는 강력한 감정이다. 행동한 후의 후회보다는 행동하지 않은 후의 후회가 특히 더 강력하다. 하고 나서 '하지 말 걸 그랬다'는 후회보다 할 기회를 놓치고 나서 '할 걸 그랬다'는 후회가 더 오래 남는다(그래서 "할까 말까 할 때는 하라."는 말이 있나 보다). 소액투자로 실력을 증명하는 전략은 이 후회라는 감정을 일으킨다. 주식투자를 반대하는 상대방이 '그때 이 사람 말 듣고 투자할걸 그랬다', '그때 더 통크게 투자할 걸 그랬다'는 마음이 들게 한다.

소액투자로 안정적이거나 큰 수익이 나는 걸 보여줘 보자. 그러면 상대방은 "아, 그때 더 큰돈을 투자하라고 할 걸!"이라고 후회한다. 더 할 수 있었음에도 자신의 두려움과 불신 때문에 더 높은 수익을 올리지 못했다는 사실을 안타까워한다. 그리고 소액투자로도 이렇게 수익을 올리는 상대방에게 신뢰를 느낀다. 주식투자에 반대하던 이유가 감정적인 만큼, 이 감정을 건드리면 더 효과적으로 생각을 바꿀 수 있다.

소액투자로 연습하는 과정이라고 생각하자

소액투사로 먼저 연습하고 주식투자 경험을 쌓는 것은 본인의 투자

46

수익에도 긍정적이다. 초심자 때 투자를 잘하기는 굉장히 어렵다. 조금만 투자하면 잃더라도 조금만 잃는다. 초심자 시절 소액투자는 투자 원칙을 확립하고 지식과 경험을 쌓는 튜토리얼 단계다.

소액투자로 실력을 증명하려다가 손실을 보면 어떻게 하냐고 물을 수 있다. 당연하게도 아무리 투자를 잘하는 사람이라도 단기적으로는 손실을 볼 수 있다. 시간이 필요함을 미리 말해두는 게 좋다. 소액조차도 투자를 허락하지 않는다면 모의투자 결과를 보여줘도 좋다. 어쨌든 결과로, 숫자로, 눈으로 보여주는 편이 말보다 강력하다. 본디 사람의 판단은 감정과 직관이 앞서고 이성과 논리는 그것을 정당화하고 변호하는 역할만 한다. 말로는 감정과 직관을 바꿀 수 없다.

아내에게 합법적으로(?) 투자자금을 받기 까지

아내는 연애시절부터 주식하는 걸 반대하지는 않았다. 대신 주식은 극히 낮은 비중으로만 두고 싶어 했다. 주식이라는 위험자산, 그리고 남편이라는 투자자를 불신했다. 대부분의 자산을 부동산과 예·적금으로만 묶어두려고 했다. 아마 주식 때문에 삶이 피폐해지거나 돈을 잃은 사람들을 보거나 듣지 않았을까 한다. 굳이 이유는 캐묻지 않았다. 그럴 이유가 있었으리라.

이런 아내에게 무리하게 주식투자 비중을 늘리자고 요구하지 않았다. 대신 아내가 주식투자를 하라고 허락한 아주 적은 돈으로 대박은 못 쳐도 소소하게 수익을 올리는 모습을 보여줬다.

2018년 10월에는 주가가 폭락했다. 당시 미중 무역갈등 격화, 계속된 기준금리 인상, 주가 하락이 또 주가 하락을 부르는 모멘텀 투자 등이 그 원인이라고 생각했다. 외부적인 악재였기 때문에 다시 반등할 가능성이 높다고 생각했다. 아내에게 추가매수를 해도 되냐고 물었다. 아내는 반대했다. 아내가 반대하자 더 이상 요구하지 않았다. 싫다고 하니 딱 그걸로 끝이었다. 이후 주가는 순식간에 회복했다. 아내는 내가 추가매수할 돈을 주라고 할 때 반대한 것을 내심 후회했을 것이다.

기회는 또 한 번 왔다. 2020년 3월에 코로나19가 미국과 유럽 등 서구 주요 선진국까지 상륙하자 증시가 거의 반토막이 났다. 3월 중순 주가가 바닥을 찍고, 회복세가 어느 정도 확실시된 5월 경, 나는 또 추가매수를 하게 해달라고 했다. 아내는 이번에는 아주 조금 더 투자해도 된다고 허락했다.

총 투자금액은 100만 원이 채 안됐지만 그 돈으로 1년도 안 되어 삼성전자 +43%, 나이키로 +48%의 수익률을 기록했다. 하락장에서 낙폭이 크고, 상승장 초기에 회복이 더뎠던 우량주를 고른 결과다. 내가 잘한 것보다는 상승장 초입에 들어간 운과 타이밍도 한몫을 했다. 덕분에 아내에게 "이 사람 말대로 더 많은 돈을 투자했으면 대박이었겠다."라는 후회를 심었다. 변론과 설득, 말싸움 없이 말이다.

이후에는 투자금액을 조금 더 차차 늘려나갈 수 있었다. 투자할 수 있는 금액이 많아지자 분산투자가 훨씬 수월했다. 분기별로 배당금을 꾸준히 주는 미국 개별 주식 종목에 투자하면서 배당금을 모아 재투자할 수도 있게 되었다. 만일 복리의 원리, 주식투자의 변동성과 손실가능성, 가치투자의 원리를 구구절절 설명했다면 감정싸움이 되었을 거다. 아내는 열을 올리는 나를 도박중독자 보듯이 했을 것이다. 그랬다면 나는 나를 증명하기 위해 무리한 투자를 하다가 큰 손실을 봤을지도 모른다. 시간이 좀 걸렸지만 가정의 평화와 돈을 모두 잃지 않았다. 소액투자로 실력을 증명하여 직관적 판단과 지지를 얻었기 때문이다. 소액투자로 실력을 증명하여 결과를 눈으로 보여주고 후회의 감정을 유발해 보자.

소액투자자 추천!
1주당 가격이 저렴한 종목

1. 미국 지수추종 ETF

SPYG : S&P500 지수에 편입된 기업 중 성장주에 투자
SPYV : S&P500 지수에 편입된 기업 중 가치주에 투자

2. 미국 배당주

AT&T

화이자

코카콜라

스타벅스

버라이즌

리얼티인컴

3. 국내주식

삼성전자/삼성전자우

위 종목들의 주가가 기업가치에 비해 저평가되었다는 말은 아니다. 그저 1주당 절대적인 가격이 작은 종목들의 예시를 든 것이다. 위 종목들은 이 글을 쓰는 시점(2022년 중순)을 기준으로 10만 원만 있으면 1주 이상은 매수할 수 있는 종목들이다. 이 책이 쓰이고 나서 시간이 지나서는 또 어떻게 바뀔지는 모른다.

그러니 저 종목을 당장 사려고 하지 말자. 어떤 기업이고, 어떻게 돈을 벌어들이고, 재무상태와 현금흐름은 어떤지 반드시 따져 보고 투자 여부를 결정하자. 나는 책임 못 진다. 규모와 단가가 기업의 성장성에 대해 알려주는 건 하나도 없다.

소액투자로 실력을 증명하려면 우선 주당 가격이 적은 우량주나 지수추종 ETF부터 시작하길 권한다.

부모와 배우자로서 흔들리지 않는 모습 보여주기

주식은 도박일까?

가족이 주식투자를 반대하는 이유 중 하나는 주식투자를 한답시고 본업과 가정에 소홀해지는 게 두렵기 때문이다. 어떤 사람은 "주식하는 남자/여자랑 결혼해도 될까요?"하고 묻기도 한다. 자산을 탕진할까 봐, 일과 가정에 소홀해질까 봐 두렵다. 이 두려움 역시 감정적이고 직관적인 반응이다. 따라서 두려워할 필요가 없다는 점을 눈으로 직접 보여줘야 한다. 두려워하지 말라고 말로만 한다고 설득이 되지 않는다. 그렇다고 꼭 일터에서 승진하고, 사업에 성공하고, 오은영 박사급으로 육아에 최고가 될 필요는 없다. 적어도 주식 때문에 본업과 가정에 소홀해지는 모습을 보이지 말아야 한다. 흔들리는 모습을 보이지 않을 뿐 아니라 실제로도 흔들리지 않아야 한다.

많은 사람들이 '주식은 도박이다'라고 말한다. 도박의 본질적 속성은 4가지다. 첫째, 극도로 낮고 무작위에 의한 승리 확률, 둘째, 승리시 극도로 높은 예상수익, 셋째, 불확실성과 통제불가능성 그리고 마지막 넷째, 게임 중 극도로 분비되는 도파민이다. 도박은 통제불가능한 요소에 판돈을 걸고 불확실성에 따라 수익과 손실이 결정된다. 돈을 딸 확률은 극히 낮지만, 돈을 한 번 땄을 때 기대수익이 매우 크다. 일반적으로 도박에서 돈을 따는 데 도박꾼이 통제할 수 있는 일은 별로 없다.

통제할 수 없는 요소에 돈을 건만큼 결과에 따라 게임 참여자의 감정은 요동친다. 게임의 불확실성에서 오는 기대와 불안과 패닉과 분노와 광기를 오르내린다. 게임 참여자는 점점 현실감각을 잃고 게임에만 빠진다. 시간감각, 경제관념, 통계적 사고 능력의 상실은 도박 중독자의 대표적 증상이다. 시간이 얼마나 흐른 줄도 모르고, 자신의 잔고도 아랑곳하지 않고, 성공 가능성이 높다고 착각한다.

도박 중독자는 극히 낮은 확률을 과대평가한다. 그래서 현실의 행복과 책임을 망각한다. 도박으로 가정이 풍비박산 나는 이유다. 만약 주식을 도박하듯 한다면 이처럼 가정의 평화가 깨지고 일상생활에 큰 지장이 생긴다. 돈만 잃는 게 아니라 건강, 가정, 행복, 일상이 무너진다. 도박 같은 주식을 두려워하는 가족이 있다면 이 두려움을 있는 그대로 인정해야 한다.

주식투자 자체가 도박은 아니다. 하지만 너무도 많은 사람이 도박하듯 주식투자를 한다. 주가는 장기적으로는 기업의 가치를 따라가지만, 단기적으로는 불규칙적이고 예측불가능하며 때로는 매우 큰 폭으로 움직인다. 장기투자와 가치투자 원칙을 지킨다면 기대가치가 매우 높은 재테크 수단이다. 반대로 단기적인 시세차익만을 목표로 한다면 도박일 수밖에 없다. 성숙한 투자자이자 책임 있는 식구라면 도박이 아닌 투자를 해야 한다. 그리고 자신이 하는 일이 도박이 아닌 투자라는 것을 몸소 보여줄 줄도 알아야 한다.

안타깝게도 많은 투자자들이 사실 투자가 아닌 투기와 도박을 하고 있다. 주식으로 도박을 하는 거지 '주식투자'가 아니다. 미안한 말이지만, 도박하듯 투자하려면 배우자가 도박꾼이 아닌 이상 결혼생활과 주식 둘 중 하나는 포기하길 권한다. 결혼생활과 도박, 이 둘을 동시에 유지하는 건 불가능하다. 주가의 단기적인 변동에 마음을 빼앗긴다면 당신이 하는 건 투자가 아니라 도박이나 다름없다.

가족은 당신이 도박하듯 주식을 할까 봐 반대한다

가족은 당신이 도박하듯 주식을 할까 봐 반대한다. 이럴 때 주식이 도박이 아니라고 말과 논리를 동원한 설득은 효과가 없다. 패가망신(敗家亡身)하는 도박꾼의 모습이 아니라, 돈을 믿고 맡길 수 있는 믿음직한 모습을 '보여주자'.

투자 대상과 매매 타이밍을 결정하는 데에는 원칙이 필요하다. 원칙이 없다면 감정기복이 투자에서 결정적 역할을 하게 된다. 사람이 감정을 잡지 못하고 감정이 사람을 쥐고 흔들어 버린다. 일이고 가정이고 제대로 유지할 수가 없는 상태다. 투자 원칙이 있으면 흔들리지 않는다. 투자 원칙을 확립하고 웬만한 주가 변동에도 흔들리지 않는 모습을 보여주자.

일 잘하는 사람은 일터에서 일에 온전히 집중하고, 퇴근 후에는 일 생각 스위치를 끈다. 마찬가지로 주식투자를 잘하는 사람은 주말에 월요일 개장 이후의 시황을 걱정하지 않는다. 투자 대상을 고르고 매매하는 순간 외에는 주식을 쳐다볼 이유도 없다. 월급명세서를 본다고 월급이 오르지 않듯, 차트나 시세창을 본다고 주가가 오르진 않는다.

지금은 증시가 -20% 이상 폭락해도 평온하다. 실제로 이 글을 쓰는 시점에 S&P500지수는 -20% 이상 하락했고, 내 보유종목 중 일부는 -10~20% 정도의 손실을 보고 있다(후술하겠지만 분산투자를 한 덕에 전체 계좌 수익률은 다행히 건재하다). 인간적으로 순간 감정이 동요하긴 하지만, 금세 정신 차리고 내 할 일에 집중한다. 애초에 지나치게 주식에만 자산을 집중하지 않고 현금비중도 적절히 분배했기 때문에 가능한 일이다. 현실감각을 상실한 도박꾼처럼 주식에만 모든 역량과 돈을 집중했다면 지금과 같은 평온함을 얻지 못했을 것이다. 그렇게 흔들리는 모습을 보인다면 가족이나 친구 중 그 누구도 내가 주식에 투자하는 것에 반대했을 것이다. 당연히 돈도 다 잃었을 것이다.

'주식≠도박', 몸소 보여줘라

　주식투자를 도박처럼 하지 않는 2가지 원칙을 소개한다. 첫째, 여웃돈으로 투자한다. 주식으로 급전을 마련해보겠다는 건 매우 오만한 생각에 불과하다. 여웃돈이란 최소한 1~3년 이내에는 쓰지 않을 돈을 말한다. 당장에 써야 할 이번 달 생활비나 내년 전세자금이나 대출 상환할 돈 여웃돈이 아니다. 여웃돈이 아닌 돈으로 투자하면 언젠가 섣부르게 매도해야 할 때가 온다. 인간 본성상 기한이 있을 때 급하고 절박한 마음에 '낮은 확률과 높은 수익'에 기댈 가능성이 커진다.

　감당하기 어려운 돈으로 투자하면 마음이 불안하다. '빌린 돈'은 감당하기 어려운 돈의 대표 격이다. 특히 금리인상기에 변동금리로 빌렸거나, 상환일자가 짧다면 심리적으로나 경제적으로나 감당하기 더욱 어렵다. 재정상태, 소비습관, 투자성향에 따라 여웃돈의 크기는 사람마다 제각각이다. 자신을 돌아보고 마음이 흔들리지 않을 정도의 적정 투자자금 규모를 정해야 한다.

　둘째, 아는 기업에만 투자한다. 이름만 아는 기업은 아는 기업이 아니다. 무슨 일을 하고 어떻게 돈을 벌고 어떤 성장계획을 가지고 있는지를 기본적으로 알아야 한다. 삼성전자에 투자한다면 메모리 반도체, 시스템 반도체, 파운드리 같은 용어는 기본적으로 알아야 한다. 5G의 개념을 모르고 버라이즌이나 AT&T에 투자해서도 안 된다. 매출 비중이 적은 영화를 믿고 디즈니에 투자하는 것도 디즈니라는 기업의 비즈니스 모델을 전혀 모르는 것이다. 극장개봉 수익은 의외로 디즈니 전체 매출에서 차지하는 비중이 작다.

남이 추천해 준 기업 주식에 투자할 수는 있다. 하지만 추천받은 후에는 반드시 그 비즈니스 모델을 이해해야 한다. 투자자의 이해수준을 넘어서는 사업에는 투자해선 안 된다. 주가가 올라도 왜 오르는지 모르고 내려도 왜 내리는지 모르는 상태가 되기 때문이다. 제대로 된 판단을 할 수 있을 리가 없다.

모르는 기업에 처음 투자하는 건 쉽다. 하지만 적절한 타이밍에 매수하고, 매도하고, 보유하는 일은 온전히 그 기업을 이해해야만 가능한 일이다. 기업 가치는 느리게 변하고 주가는 빠르게 변한다. 기업 가치를 모르면 빠르게 변하는 주가에만 눈이 간다. 빠르게 변하는 주가에 눈이 가면 마음 또한 빠르게 변하고 감정기복이 심해진다.

이 2가지 원칙을 지키며 흔들리지 않고 일과 가정에 충실하면 주식도박으로 패가망신할까 봐 불안한 마음은 수그러든다. 예측불가능성과 낮은 확률에 기댄 도박은 가족들을 불안하게 만들고, 동료의 신망을 잃게 만든다. 주식투자에 반대한다면 사실 대부분 주식투자에 반대하는 게 아니라 도박에 반대하는 거다. 가족이 도박을 한다고 느끼면 반대하는 게 당연하다. 그러니 도박이 아닌 투자를 하자. 그리고 도박이 아니라고 말로 설득하지 말고, 도박이 아님을 눈으로 보여주어라.

투자 현황과 판단 근거 공유하기

쐐기 박기, 한 번 허락했다고 끝이 아니다

최종적으로 주식투자를 해도 좋다고 승인했다고 해서 끝이 아니다. 당분간은 주식을 사고파는 과정, 보유 현황, 투자원칙과 판단 근거, 종목선택의 기준을 공유해야 한다. 그것도 아주 낱낱이. 간단히 말해 배우자에게 언제 무엇을 왜 사거나 팔았는지 또는 왜 계속 보유하는지를 공개하는 과정이다. 가족의 승인 하에 주식투자를 한다면 그 돈은 가족의 공동자산이다. 공동자산을 어떻게 운용하는지 공개하는 건 당연한 이치다. 돈을 믿고 맡긴 사람에게 그 돈을 어떻게 쓰고 왜 그렇게 썼는지 설명하는 과정이다. 또 이렇게 투자 현황과 판단 근거를 공유하는 것만으로도 자신감의 표현이자 신뢰의 근거가 될 수 있다.

배우자가 처음 주식투자를 승인했을 때는 더 철저히 과정을 공개하는 게 좋다. 승인은 했지만 막상 실제 돈을 주고 나면 당연하게도 불안하고 초조한 마음이 든다. 아무리 소액투자로 미리 좋은 모습을 보여줬더라도, 더 큰돈을 투자하게 했을 때는 또 다르다. 당분간은 지속적으로 낱낱이 투자 과정을 공유해서 안심시키는 장치가 필요하다.

이 공개절차는 투자하는 자신이 되도 않는 소문에 놀아나는 게 아니라는 증거를 제시하는 과정이다. 몰래 숨겨둔 비상금으로 투자하는 게 아니라는 것도 보여주는 절차다. 상대방의 신뢰를 더 확고히 하는 과정이자, 본인 스스로도 투자 원칙을 확립하는 과정이기도 하다. 투자자 본인 스스로도 합리적인 판단 근거와 여윳돈을 가지고 투자하는 게 향후 투자생활에 좋다. 투자원칙과 현황을 공개하는 과정에서 남의 눈이 있기에 더 철저하게 성찰하고 실천할 수 있다. 혼자 눈대중으로 투자할 때보다 가족에게 투자근거를 설명할 근거를 만들기 때문에 더 신중하게 투자하게 된다.

물론 처음에는 투자 과정 하나하나에 딴지를 걸거나 걱정을 표할 수 있다. 배우자가 주식투자 경험이 전무할 경우 100% 확신을 요구할 때가 많다. "확실해?", "무조건 올라?"라며 이걸 사면 100% 돈을 버는 게 확실하냐고 묻는다. 이때는 과도한 확신을 보여주는 게 오히려 독이다. 만에 하나 손실이 났을 때 겨우 쌓은 신임을 잃을지도 모른다.

이럴 때는 주식투자의 본질을 담담히 말해주자. 주식투자의 본질은 불확실성, 예측불가능성, 원금 손실 가능성이다. 100% 확실한 게 아니라 어떤 근거가 있고, 수익과 손실은 항상 '가능성의 차원'이라는 걸 인지해야 한다. "물론! 100% 오르지!"가 아니라 "장기적으로 오를 가능성이 높다."라고 말하는 태도다. 또 단기적으로는 손실 가능성이 있지만, 장기적으로는 기다릴만한 가치가 있다고 말해주어야 한다. 지나친 확신은 오히려 불신을 초래한다. 어딘가에 현혹돼서 크게 한 번 말아먹을 듯한 인상을 준다.

본인 스스로도 주식의 불확실성, 예측불가능성, 원금 손실 가능성을 충분히 이해하는 게 좋다. 그래야 설명도 더 잘하고 돈도 잃지 않고 전전긍긍하지 않을 수 있다. 뭐든 가능성의 차원에서 말하면 함정을 피한다. 확신을 가지고 성큼성큼 뛰어다니면 함정에 한 번 빠질 때 크게 나자빠진다. 그렇다고 아예 겁을 먹으면 얼어붙은 채 한 치 앞도 나아가지 못한다. 불확실성, 예측불가능성, 원금 손실 가능성을 있는 그대로 받아들이면서 확신과 얼어붙음 사이에서 조심히 움직이자. 그 조심스러운 움직임을 담담히 전하면 설득은 쉽다.

배우자가 풍문을 물어올 때

투자원칙으로 풍문 일축하기(단, 존중하면서)

가족에게서 어느 정도 신임을 받으면 오히려 다른 가족들이 풍문을 물어올 때가 온다. 주식으로 돈을 버는 걸 보면서 주식투자를 향한 편견과 마음의 장벽이 무너졌기 때문이다. 가족도 신나서 여러 정보를 찾다가 좋아 보이는 풍문을 가져온다. "무슨 기술이 앞으로 유망하다더라.", "앞으로 이 종목이 오른다더라.", "누가 그러는데 이 종목이 좋다더라.", "이 회사가 곧 수주를 따낼 거라더라.", "어떤 제약사가 곧 임상시험을 통과한다더라.", "곧 이 업종이 큰다더라." 하는 식으로 말이다.

당연하다. 주식투자를 하게 했더니 돈이 들어오는 게 눈에 보이니까 말이다. 그래서 투자에 또 도움이 될 것 같아서 하는 행동이다. 문제는 그런 풍문은 대부분 신호보다는 소음이라는 점이다. 투자를 바라보는 가족은 풍문에 혹할 수 있지만, 투자하는 당신은 흔들리지 말아야 한다. 그 소음에 흔들리면 투자로 돈을 잃을 확률도 높아지고, 힘겹게 쌓아 올린 가족의 신뢰까지 잃는다. 배우자가 풍문을 물고 온다면 가볍게 넘겨라.

설득은 간단히 투자 원칙을 말하면 된다. 배우자가 추천하는 종목이 이해하기 어려운 첨단기술이나 생소한 산업이라면 "아는 기업에만 투자한다."는 원칙을 말하면 된다. 모르는 기업에 투자하면 종목선택도 어렵고 손절할 때, 기다릴 때, 물타기를 할 때를 알 수가 없다. 물어온 풍문이 실제로는 기업 실적에 큰 영향을 미치지 않는다고 말하는 것도 효과적이다. 예를 들어 배우자에게 메타버스 때문에 네이버를 사라고 한다면 "A기업 매출에서 실제 메타버스가 차지하는 비중은 1%다. 다른 주요 사업부문은 지금 적자이고, 실적 개선 가능성이 낮아서 투자하지 않는 게 좋다."라는 식으로 말할 수 있다. 그렇다고 풍문을 거절할 때 배우자를 무시하는 태도를 보여선 안 된다. 최소한의 존중을 잊지 말고 완곡하게 거절하자.

사실 배우자가 아니라 그 누구라도 풍문을 물어오면 듣지 않아야 안전하다. 풍문을 들었고 계속 미련이 남는다면 직접 냉철하게 분석하는 과정을 거쳐야 한다. 배우자라면 조금 더 존중과 지혜를 담아 거절할 필요가 있을 뿐이다. 풍문의 전형적인 유형 특징을 미리 알아두면 그 누가 풍문을 물어 와도 흔들리지 않는다. 아래 주식 풍문의 대표적인 3가지 유형을 확인해 보자.

주식 풍문의 대표적인 세 가지 유형

첫째는 패러다임 전환 풍문이다. 유망하다는 업종이나 종목은 대부분 그저 지나가는 유행에 불과하다. '한 철 유행'이 '패러다임의 전환'이라는 말로 나타났다가 쥐도 새도 모르게 사라진다. 물론 지금도 '패러다임의 전환'이라 불리는 업종이나 종목은 많다. 그 중에는 진짜 패러다임을 바꿀 성장산업이 있는가 하면, 나머지 대부분은 지나가는 유행이다.

패러다임 전환이라고 불리는 종목 대부분이 일시적 유행이라는 점은 10년 전에 '10년(또는 평생) 동안 투자해도 좋을 장기투자용 종목'들을 보면 알 수 있다. 10년 전에는 어떤 종목들을 미래성장성을 지닌 유망종목이었고, 그 종목의 주가가 지금 어떤지 보면 된다. 예를 들어 한국전력은 20년 전부터 꾸준히 향후 정보화 사회와 제4차산업혁명의 도래, 경제발전으로 인한 전기수요 증가로 미래성장산업으로 손꼽혔다. 하지만 여러 악조건, 정치적 이해관계, 실적악화 속에 2016년 3월까지 크게 올랐던 주가는 고점을 찍고 장기간 하향세를 탔다(물론 이 책을 쓰는 시점 이후로 어떻게 될지는 알 수 없다).

둘째, 게임 체인저(game changer) 풍문이다. 게임 체인저란 말 그대로 게임의 승부와 판세를 완전히 뒤집을 재료를 말한다. 게임으로 치자면 '필살기'나 '사기캐' 정도로 표현하면 되겠다. 식약처나 FDA(미국 식품의약국)에서 신약 승인, 수주 계약 체결, 인수합병이나 분할, 해외진출, 신사업 진출 등 단 하나의 호재가 주가의 흐름을 완전히 뒤엎을 거라는 착각이다. 사업부문별 매출비중과 시장점유율을 확인하면 단일한 호재에 지나치게 매몰되는 일은 방지할 수 있다.

증권가는 코로나19 팬데믹 이슈가 막 터졌을 때는 길리어드 사이언스의 치료제를 체인저로 주목했다. 만약 이게 실제 효과가 증명된다면 코로나19 조기 종식도 가능하고 길리어드 사이언스의 주가도 고공행진을 할 터였다. 하지만 치료제의 효과는 미미했고 기대감만으로 올랐던 주가는 금세 원래 자리로 회복했다.

국내 바이오주는 특히 이런 풍문에 변동성이 큰 편이다. 탈모약, 세간에 이슈가 되는 전염병 백신이나 치료제, 제2의 비아그라 같은 풍문은 특히 더 주의를 요한다. 투자에 관심 없던 사람도 이런 소식을 들으면 혹하기 때문이다. 시험관 단계에서 효과가 높은 물질을 발견했다던가, 동물실험 또는 임상시험을 통과했다는 말에도 현혹되면 안 된다.

실험실의 시험관에서 효과를 보인 물질이 10,000개라면 그중에 동물실험과 모든 임상시험 단계(1상, 2상, 3상으로 구성)를 통과하고 식약처에서 최종 판매승인을 받기까지는 5~10년이 걸리고 98%가 탈락한다. 시험관 단계나 동물실험 단계에서 성공했다는 소식만 듣고 덜컥 매수하다간 98%의 확률로 손실을 본다. 2014년 메르스, 2020년 코로나19 유행 초기에 국내 바이오주들은 너도 나도 실험실에서 바이러스를 100% 가까이 죽이는 물질을 발견했다고 주장하자 주가가 급등했다. 하지만 기억할 것이 있다. 사람 몸 안이 아닌 시험관 안에서 바이러스나 균을 죽이는 일은 쉽다. 그게 사람 몸 안에 들어가서 부작용 없이 치료하는 것과는 천지차이다.

셋째, 정치 테마 풍문이다. 어떤 정치적 사건, 가령 법안 발의나 통과, 선거 결과, 정치인의 말 한마디 때문에 주가가 오르거나 내릴 거라는 풍문이다. 미국 대선을 앞두고는 "○○○가 당선되면 주가가 반토막 난다."는 말은 항상 나오는 말이다. 내가 들은 풍문만 해도 좌우 진영을 가리지 않는다. 저 ○○○에는 트럼프(무능한 행정과 미중갈등 때문에), 오바마와 바이든(방만한 증세 정책과 반기업 규제정책 때문에), 부시(전쟁광이라서)가 들어갔다. 이전 미국 대선은 내가 어려서 기억을 잘 못하지만, 거의 항상 상대편 후보가 대통령이 되면 주가가 폭락한다는 예언은 항상 있어 왔다. 아마 다음 대선과 그 다음 대선도 마찬가지일 것이다.

더 많은 풍문이 있겠지만 이 유형만 피해도 충분하다. 이 유형은 거들떠보지 않았으면 난 지금까지 돈을 덜 잃었을 것이다. 투자하는 자신도 여기에 넘어가지 않고, 가족이 풍문을 물어왔을 때 마음 상하지 않게 완곡하게 거절하는 지혜가 필요하다.

어린 자녀가 주식을 사달라고 한다면?

주식하지 말라는 부모님

나의 부모님은 적금 금리가 두 자릿수이던 시절부터 일을 하셨다. 그리고 나를 낳은 후에는 (흔히 'IMF사태'라고 부르는) 1997년의 외환위기와 2000년의 닷컴버블을 겪으셨다. 대규모의 실업사태와 주가 폭락을 봐 온 부모님은 우리 형제에게 몇 가지 가르침을 주셨다. '가족이나 친구라도 보증 서주지 마라', '안정적인 직장에 취업해라', '한 방의 인생 역전을 노리지 마라' 이런 가르침 덕분에 나는 안정적 직장을 구했고, 보증 사기를 당하지 않았고, 도박이나 복권에 돈을 낭비하지 않았다.

그러나 어떤 가르침은 거스르기도 했다. 내가 따르지 않은 부모님의 가르침은 바로 주식에 관한 가르침이다. '주식은 도박이다', '주식하면 패가망신한다' 이런 가르침에 나는 따르지 않는다. 다만 그렇다고 주식을 제대로 가르치지 못한 부모님을 원망하진 않는다. 돌아보면 부모님 세대는 착실하게 안정적으로 돈을 모아서 저축하면 충분히 자산을 모을 수 있었고, 주식으로는 돈을 잃는 사람들이 한둘이 아니었으니까.

아직도 부모님은 내가 주식에 투자하고 있다는 사실을 모르신다. 아마 내가 이렇게 주식 관련 블로그를 운영하고 책까지 출간하는 걸 알면 근심으로 밤을 지새울지도 모른다. 그리 큰돈을 투자한 것도 아니건만. 아마 내 또래 중에서는 그렇게 배운 사람이 많을 것이다. 우리 부모님의 세대가 그렇고, 우리의 세대가 그렇다. 주식과 도박은 하지 말라고.

떠먹여 주는 부모님

지인의 부모님 중에는 우리 부모님과는 다른 부모님들도 물론 있다. 내 친구의 어머니는 투자에 일가견이 있으신 듯하다. 취업한 지 얼마 안 되었을 때는 친구의 돈 일부를 대신 투자해서 꽤 큰 수익을 냈다고 들었다. 덕분인지 결혼 자금도 일찍 모아서 서른 살도 안 되어 결혼했다. 요즘 20대에 결혼하는 사람은 흔치 않을 테니. 그의 어머니는 결혼 후에 주식투자 한 번 해보라며 친구에게 2천만 원을 지원해 준다고 했다. 부러웠다. 누군가 내게 투자하라고 2천만 원을 주면 잘할 자신 있는데.

그러나 그 친구는 투자를 할 줄 몰랐다. 재무제표를 볼 줄도 몰랐고, 그 기업이 어떻게 돈을 버는지 조사할 줄도 몰랐다. 결국 암호화폐 열풍을 타고 올라서 돈을 벌다가 최근 크게 돈을 잃었다. "본전만 뽑고 이제 안 하겠다."라고 수없이 다짐했지만 본전을 찾으면 그 뒤로 욕심이 생겼다. 투자자로서의 자신을 돌아보지 못했다.

그 친구의 부모님은 투자를 권유했지만 방법을 알려주지 않으셨다. 내 친구는 투자를 해야 한다는 당위성은 알았고, 주식에 열린 마음을 가졌지만, 올바로 투자하는 방법을 알지 못했다. 이런 유형의 자녀들은 앞으로 혼자서 배우고 성찰하며 성장하지 않으면 지속적으로 돈을 잃을 가능성이 크다. 물려주신 유산을 빼고 순수하게 자신의 힘으로 모은 돈은 이 친구보다 내가 더 많을 것이다.

함께 도박하는 부모님

그래도 위 두 유형은 부모 스스로 자산을 성공적으로 모으셨고, 자신의 방식을 가르치고자 하셨다. 최악의 유형은 따로 있다. 바로 부모 스스로도 돈을 잃고, 자녀도 같이 잃게 하는 부모다. 성경의 한 구절을 인용하자면 맹인이 맹인을 인도하는 교육이다. 이 유형의 부모를 내가 실제로 만나본 적은 없다. 하지만 투기, 도박, 편법으로 돈을 모은 사람이 그대로 때가 되어 결혼을 하면 그런 부모가 될 것이다. 그런 부모 밑에서 살아 온 자녀들도 은근히 많을 것이다.

이 유형의 부모는 스스로도 도박하듯 주식에 돈을 넣고, 그 모습을 자녀들이 보고 배우게 한다. 때로는 "원래 주식은 이렇게 하는 거다.", "가치투자는 이제 안 통한다."라며 잘못된 투자법을 전수하기도 한다. 스스로도 돈을 잃고, 자녀도 돈을 잃게 할 것이다. 설령 매우 희박한 확률로 수익을 내더라도 매일 밤잠을 설치고 불안과 사행심으로 가득찬 삶을 살 것이다.

자녀에게는 좋은 가르침을 주는 것도 중요하지만, 나쁜 가르침을 주지 않는 것도 중요하다. 하루종일 주가창을 쳐다보고, 주식에 감정이 오락가락하고, 하루종일 주구장창 주식 얘기하는 모습만 보여주는 것은 나쁜 가르침이다. 건전한 투자 방법을 가르치진 못하더라도 최소한 돈을 잃는 방법의 전형을 보고 배우게 해선 안 된다.

함께 성장하는 부모님

2020년 3월 증시 대폭락 이후 너도 나도 다 주식투자에 관심을 갖는 시대가 되었다. 주식투자를 하고 있거나, 하려고 준비 중이거나, 할까 말까 고민하는 사람이 대부분이다. 이럴 때 어린 자녀가 "주식투자 하고 싶은데 돈 좀 주세요."라고 하면 어떻게 해야 할까? 최근 이런 상황을 겪고 고민해 본 젊은 부모님들도 많을 것이다. 위 3가지 유형의 교육법을 보고 느꼈을 것이다. 주식투자를 권장하되 방법을 제대로 알려줘야 한다. 투기가 아닌 투자가 되도록 말이다. 그리고 부모 본인 스스로도 투자를 잘하는 사람이 되어야 한다.

자녀가 주식투자를 하고 싶다면 왜 하고 싶은지, 어떤 기업에 투자하고 싶고, 그 기업에 투자하려는 근거는 무엇인지, 돈이 얼마나 필요하고, 주가가 폭락할 때 어떻게 할 것이며, 무엇을 더 공부할 것인지 대화를 해야 한다. 그렇게 배운 자녀는 주식을 도박이 아니라 세상을 균형 있게 이해하는 창으로 삼을 수 있다. 돈의 소중함을 알고, 기업가 정신을 함양할 수도 있다.

그런 과정을 거치면 부모도 성장한다. 좋은 모습을 보여주기 위해 자신을 성찰한다. 더 좋은 방법과 태도를 가르치기 위해 공부한다. 원래 사람은 자기가 밥 때는 종종 걸러도 자녀 밥 때는 안 거르지 않던가.

어떤 부모가 될 것인가?

주식투자로 안정적인 수익을 꾸준히 올린다면 배우자도 관심을 갖지만 자녀도 따라 하려고 한다. 자녀는 부모의 모습을 스펀지처럼 흡

수한다. 2020년 3월부터 2021년까지는 전례 없는 강세장이었다. 주가가 아주 시원하게 올랐다. 어른들은 너도 나도 모이면 주식 이야기만 했다. 당연히 그 자녀들도 주식에 관심을 가졌다. 몇몇 초등학생들은 주식투자로 대박을 터뜨린 경험을 공유하는 유튜브 영상을 올렸다. 부모들이 뭐만 하면 주식 이야기를 하는데 아이가 주식에 관심을 가질 리가 없다. 반대로 주식투자를 비롯한 자본 소득을 혐오하는 집안에서 자란 아이가 사업이나 투자를 제대로 할 리도 만무하다.

현대사회에 전통적인 가족의 기능은 모두 전문시설에 위임한다. 육아는 어린이집에, 교육은 학교와 학원에, 출산과 간호는 병원과 요양시설에 맡긴다. 하지만 주식투자에 필요한 자질은 학교, 학원, 병원 그 어느 곳에서도 가르쳐주지 않는다. 자본주의 시대의 생존법은 결국 부모의 영향을 가장 많이 받는다. 주식시장에 다시 붐이 일 때, 언제고 당신의 어린 자녀가 주식을 사달라고 조를 수 있다. 삼성전자가 대단한 기업 같다고, 세뱃돈으로 ○○기업 주식을 사달라고 한다. 부모는 스스로도 현명한 투자자가 되어야 하지만, 그 투자의 지혜를 자녀 세대에게도 물려줄 수 있어야 한다.

세뱃돈 뺏어서 대신 주식투자를 해주면 좋을까?

세뱃돈으로 하는 투자는 자녀와의 공동책임이다

자녀의 세뱃돈을 가져가서 투자를 해주는 부모가 많다. '다 너를 위해 그런거다'라면서 세뱃돈으로 군것질 하나 사먹지 못하는 자녀를 설득하려고 한다. 아이의 시간은 어른의 시간보다 훨씬 느리게 흐른다. 10년 후, 20년 후를 바라보며 기다리는 것은 아이에게 너무도 먼 미래다. 그렇기에 그 기다리는 이유와 방법을 확실히 알려주어야 한다.

투자하는 방법을 보여주지 않고 '나중에' 한꺼번에 돈을 주려는 부모들도 많을 것이다. 부모가 세뱃돈을 전적으로 책임지고 운영한다면, 자녀는 거기에 의견을 제시할 수 없고 책임을 지지 않는다. 아마 그 돈으로 대학등록금이나 결혼자금 같은 걸 크게 지원해주면 자녀들은 굉장히 고마워할 것이다. 하지만 만약 그 투자에 실패했다면 자녀에게 뭐라고 말할 수 있을까? 잘 하다가 대학등록금 납부일 하루 전날 미국 증시가 2008년 8월이나 2020년 3월처럼 크게 폭락하지 않을 거라고 100% 확신할 수 있을까? 투자는 언제나 리스크를 안고 간다. 리스크는 투자의 본질이다. 만약 세뱃돈으로 투자하는 과정을 자녀와 함께 만들어 갔다면, 리스크의 책임도 공동책임이다. 공동책임이라면 부모 혼자 투자했다가 손해 보고 자녀에게 원망 듣지 않을 것이다.

대화하라

아주 어린 자녀라면 투자에 합리적인 의견을 제시하기 어렵다. 다만 계좌를 개설하고, 매매하는 과정을 보여줄 수는 있다. 그리고 자산을 분배하고, 투자 대상을 선정하고, 매매하고, 기다리는 일련의 투자 과정을 알려줄 수도 있다. 만약 이때 부모가 주식을 투자한 후 안절부절 못하고, 섣불리 매도하고, 실체 없는 테마를 좇는 모습을 보인다면 자녀는 그 모습을 그대로 배울 것이다. 따라서 '요새는 자녀에게 주식을 주는 게 대세다'라는 유행과 풍문에 휩쓸리지 말고, 부모가 스스로 좋은 투자자가 되어야 한다. 산업을 분석하고, 기업의 사업모델을 분석하고, 적절한 때를 기다리는 모범을 보여야 한다. 자녀의 20년 후를 위한 돈이라면 더더욱 그렇게 해야 한다.

주식이든, 펀드든, ETF든 투자 대상을 골랐다면 그 고른 이유를 자녀에게 알려줄 수 있다. 요즘 산업의 흐름이 어떻고, 이 기업은 무엇으로 돈을 벌며, 자산과 부채가 얼마나 있고, 어떤 비전을 품고 있는지 간단히 설명할 수 있으면 좋다. 기술주에 투자하면서 자녀가 읽는 학습만화의 내용을 연계할 수도 있고, 마트에 가거나 온라인 쇼핑을 하면서 유통과 물류를 알려줄 수도 있고, 자녀가 가진 스마트폰이 생산되고 유통되는 과정을 알려줄 수도 있다. 그리고 초등학교 고학년만 되도 투자 결정에 자녀가 의견을 내도록 할 수도 있다.

투자하는 방법을 알려주면 어느 날 자녀가 "모 기업에 투자하자."라며 제안할 수도 있다. 그러면 그 근거를 묻고, 그 논리와 근거의 허점을 파고들어 질문을 하면 된다. "그게 일시적 유행은 아닐까?", "주가 최근 많이 떨어졌다는 이유만으로 다시 오를까?", "그 제품 말고 다른 제품도 파는데, 그건 괜찮을까?", "너한테 좋은 제품이 다른 사람에게도 좋은 제품일까?", "제품이 좋다고 기업이 좋을까?", "현금을 많이 가진 기업이 좋은 기업일까?"와 같은 질문들 말이다. 물론 이런 질문은 자녀에게뿐 아니라 투자하는 부모 자신에게도 해야 할 질문이다.

이런 대화로 단련된 자녀는 재무의 기초, 산업, 기업을 이해하고, 자신의 생각을 논리적으로 말할 줄 알게 된다. 자본주의 시대에 걸맞은 경쟁력을 갖추게 된다. 지금의 공교육 체제에서는 제대로 배우지 못할 역량이다. 단순히 투자를 잘하는 사람이나 돈이 많은 사람이 아니라, 돈의 행간을 읽을 줄 알고 더 나아가 세상의 행간을 읽을 줄 아는 사람이 될 것이다.

제3장

주식 때문에
파산하지 않으려면

주식으로 패가망신하는 경우의 수

왜 주식 때문에 파산하는가?

어떤 투자자는 주식 때문에 돈을 다 날려버린다. 있는 돈을 다 날리
는 데다 빚까지 진다. 물론 흔한 일은 아니다. 하지만 심심찮게 발생
하는 엄연한 현실이기도 하다. 주식으로 돈을 다 날렸다는 건 몇 가지
조건이 맞아떨어졌다는 말이다. 다음 다섯 가지 조건을 모두 만족할
때 비로소 파산한다.

첫째, 전체 자산의 대부분이 주식이다. 심지어는 빚까지 져가며 투
자한다. 둘째, 주식 자산 중 대부분을 한두 가지 소수 종목에만 집중
한다. 셋째, 그 종목의 실적과 주가가 폭락했다. 넷째, 폭락하는 동안

손절하지 못한다. 다섯째, 돌이킬 수 없을 정도로 완전히 망했을 때까지 손절하지 못한다. 이게 주식으로 패가망신하는 경우의 수다. 이 경우의 수 중 하나라도 피할 수 있다면 최소한 자산을 탕진하진 않는다.

역으로 생각해보자. 앞에서 말한 '주식으로 패가망신하는 경우의 수'와 반대로 하면 돈을 완전히 잃을 가능성은 0에 수렴한다. 첫째, 기본적으로 주식투자는 여윳돈으로만 한다. 항상 일정 수준 이상의 현금비중을 확보해둔다. 둘째, 여러 종목에 분산투자한다. 셋째, 가망이 없는 종목은 빠르게 손절한다. 장기투자는 좋은 기업에만 한다. 이 원칙을 지키지 못하면 "주식하면 패가망신한다."라는 어른들의 말은 나에게 현실이 된다.

운과 실력의 구분

운과 실력을 구분하지 못하면 성장하지 못한다. 주식투자는 다른 업(業)보다 운의 비중이 크다. 운의 비중이 큰 분야에서는 종종 아마추어가 프로를 이긴다. 팔씨름은 운의 비중이 작다. 운의 비중이 작은 팔씨름에서는 당연히 프로 팔씨름 챔피언이 아마추어를 거의 100% 확률로 이긴다. 운의 비중이 조금 더 큰 스포츠인 야구에서는 이변이 종종 일어난다. 물론 이변은 말 그대로 이변이다. 이변이 흔치는 않다. 주식투자는 야구보다 훨씬 더 운이 많이 개입한다. 그래서 아마추어가 프로를 이기는 경우가 아주 흔하다. 최근 3개월간 워런 버핏보다 수익률이 높은 사람은 아마 많을 것이다. 강세장일 때는 '워런 버핏도 한물갔다'고 말하는 초보자들을 흔히 볼 수 있다.

2020년 3월 이후 유례없는 강세장에서 많은 아마추어들이 프로를 이기고 기세등등했다. 동학개미들은 시장의 붕괴를 우려하는 전문가의 조언을 무시했다. 주가가 반 토막 난 우량주를 집중적으로 매수했다. 삼성전자, 현대차, 네이버, 카카오, 애플, 아마존, 테슬라에 투자해서 높은 수익률을 기록했다. 팬데믹으로 인한 과대낙폭, 경기회복 기대감, 금리인하로 인한 대규모 유동성 공급이 강세장을 형성했기 때문이다. 수많은 개인투자자 하나하나가 힘을 합쳐(?) 전문가의 조언과 반대로 주식을 풀매수하며 주가를 끌어올렸다. 많은 이들이 이 당시 사건을 1894년 '동학농민운동'에 빗대어 '동학개미운동'이라고 불렀다.

기세등등한 동학개미들은 대형우량주 투자에 만족하지 않았다. 승리에 도취했다. 처음에는 10년 장기투자를 결심하고 삼성전자를 매수했다. 하지만 1년도 지나지 않은 시점부터 삼성전자의 주가는 지지부진했다. 대형우량주에 장기투자를 결심한 투자자들도 등을 돌리기 시작했다. 등을 돌린 동학개미들은 2020년의 승리를 기억했다. 또 이길 수 있을 것 같았다. 새로운 승부처를 찾았다. 이번에도 성공을 반복할 수 있을 거라 믿었다. 누군가는 암호화폐로, 누군가는 리오프닝 관련주로, 누군가는 바이오주로, 누군가는 NFT로, 누군가는 공모주로 눈을 돌렸다. 미술작품에 투자하여 시세차익을 노리는 아트테크도 젊은 층을 중심으로 성행했다.

2020년 승리의 기억을 간직한 동학개미들은 대부분 그 승리를 이어가지 못했다. 2020년의 승리에 운의 요소가 매우 강하게 작용했다. 실력이 없어도 운 좋은 투자자들은 각종 테마주로 시장을 이겼다. 그러나 행운은 반복되지 않았다. 주가는 기업의 실적에 수렴하듯, 수익률은 투자 원칙과 실력에 수렴한다.

문제는 단지 '성공했느냐'가 아니다. '지속적으로 성공할 수 있느냐'가 중요하다. 자신이 돈을 번 과정을 냉철히 복기하지 않으면 성공의 이유가 행운이었는지 실력이었는지 구분하지 못한다. 운 좋은 바보는 바보짓을 반복한다. 바보짓을 반복하면 언젠가 돈을 크게 잃는다.

원금손실 가능성은 주식투자의 본질적 속성이다. 예측을 잘하는 사람은 자신의 예측이 틀릴 수 있다는 사실을 인정한다. 그리고 예측이 틀렸을 때 빠르게 수긍하고 수정한다. 자신의 예측 능력을 과신할수록 예측이 틀릴 가능성이 높다. 그리고 틀린 예측에 큰 판돈을 걸 가능성도 높다. 성공 경험에 매몰되지 않고 그 성경 경험이 '지속가능한 성공모델'인지 반성적으로 성찰해 보자.

행운이 따른 성공에 도취한 사람은 패가망신하는 경우의 수를 따른다. 과도한 확신 때문에 자신이 좋다고 생각한 한 두 가지 종목에 올인한다. 자신의 능력을 과대평가한다. 리스크를 과소평가한다. 자신의 판단을 반성하지 않는다. 확신이 강한 만큼 틀린 것을 틀렸다고 인정하는 데 오래 걸린다. 그래서 손절해야 할 때 손절을 하지 못한다.

도박에 중독된 사람 대부분은 게임 초기에 판돈이 적을 때 아주 작은 성공을 맛본 사람들이다. 그 행운에 미련이 남는다. 계속 시도하고 판돈을 더 크게 벌리다가 돌이킬 수 없는 길을 건넌다. 이 책을 읽는 독자들은 부디 행운에 미련이 남아 패가망신의 경우의 수를 두지 않기를 바란다.

수익률 상위 10% 안에 드는 법

시장수익률을 뛰어 넘기 위한 노력

투자자들은 어떻게든 수익률을 끌어올리려고 아등바등한다. 고심해서 개별 종목을 선택하고, 샀다가 팔기를 반복한다. 하지만 대부분 스트레스만 받고 매매수수료만 증권사에 헌납할 뿐이다. 그런 노력과 고생이 수익으로 연결되면 다행이지만, 대부분 말 그대로 '헛수고'다. 일부 투자자는 그냥 현금으로 들고 있느니만도 못한 결과를 맞이한다.

지금까지 한국의 코스피 지수는 연 평균 6~8%, 미국의 S&P500 지수는 연 평균 7~9%가량 올랐다. 이런 대표 종합주가지수의 수익률을 '시장수익률'이라고 한다. 전문가든 비전문가든 이 시장수익률을 넘기 위해 부단히 노력한다. 전체 시장이 30%가 올랐을 때 한 개별종목으로 20% 벌었다면 그리 잘한 투자가 아니다. 반대로 시장수익률이 마이너스일 때 수익이 조금이라도 났다면 그건 매우 잘한 투자다. 계좌에 찍힌 수익률만 보지 말고, 시장수익률과 비교해야 더 정확히 실력을 판가름할 수 있다. 워런 버핏은 강세장에서 적당히 벌고 약세장에서 거의 잃지 않는 투자전략을 장기적으로 구사하며 시장수익률을 훨씬 웃도는 수익률을 기록해왔다.

90%의 투자자가 시장수익률을 밑돈다

90%의 투자자는 이 시장수익률을 넘지 못한다. 10% 이내의 극소수의 투자자만이 장기적으로 시장수익률을 초과한다. 비전문가만 그런 건 아니다. 전문가가 운용하는 주식형 펀드를 봐도 매매 횟수가 많고 매매회전율이 높을수록 수익률이 낮다. 때로는 시장수익률을 초과하지만 10년 이상 장기간으로 볼 때, 매매수수료까지 감안하면 대부분 시장수익률보다 낮은 수익률을 보인다. 반면 대표 시장지수를 추종하는, 별다른 분석과 매매활동을 하지 않는 펀드나 ETF는 딱 시장수익률만큼의 수익을 올린다. 그런데 이것만 해도 수익률이 상위 10% 안에 든다.

한 때 나는 주식 계좌를 2개 보유하고 있었다. 하나는 미국 시장수 익률만 따르자는 소소한 목표를 설정했다. SPYG(미국 S&P500 성장 주 ETF)와 SPYV(미국 S&P500 가치주 ETF) 2개의 ETF에만 투자했 다. 굉장히 방어적인 운용방식이었다. 기계적으로 정기매수만 했다. 다른 하나는 시장수익률을 넘어보려고 개별종목의 비중을 높게 두고 적극적으로 매매를 반복했다. 상대적으로 공격적인 운용방식이었다. 수익 결과는 통계적 경향성 그대로였다. 방어적으로 운용한 계좌의 수익률이 약간 더 높았다. 공격적으로 운용한 계좌는 수익률 자체도 낮고 정신건강에는 좋지 않았고 매매수수료만 증권사에 헌납한 꼴이 었다.

이 경험으로 시장 종합주가지수를 추종하는 인덱스 ETF의 비중을 늘렸다. 오랜 기간 SPYG와 SPYV의 비중을 약 50%로 유지했다. 다른 ETF도 많지만 SPYG와 SPYV가 주당 가격과 총보수가 저렴해서 소 액투자에 적합해서 이 두 ETF를 선택했다. 이 책을 쓰는 현재는 보유 하고 있지 않지만, SPY라는 S&P500 지수를 그대로 추종하는 ETF도 괜찮다. 굳이 한 종목에만 투자해야 한다면 SPY에만 투자할 것이다. 독자들 나름대로 각 ETF의 추종지수, 구성종목, 총보수, 거래량 등을 따져보길 바란다. 시장수익률만 잘 따라도 상위 10%니까.

지금은 SPYV는 모두 매도했다. 대신 SPYV의 비중 상위 구성종목 중 몇몇 개별종목을 선별하여 투자했다. 주로 시세차익보다는 배당 수익을 목적으로 하는 우량 배당주들이다. 코카콜라(1, 4, 7, 10월 배당), P&G(2, 5, 8, 11월 배당), 존슨앤존슨(3, 6, 9, 12월 배당) 등을 포함한 8개의 배당주에 투자하며 매월 배당금을 받는다.

이로써 시세차익과 배당수익이라는 두 가지 큰 줄기가 주식투자 수익을 이루고 있다. 꼭 배당주가 아니더라도 일시적·외부적 악재가 지나치게 반영되었거나, 지나치게 저평가되었다고 생각하는 기업을 추가로 매수하기도 한다. 그래도 기본은 시장수익률을 따르는 ETF로 시세차익을 얻고 개별종목으로 배당수익을 얻는 포트폴리오 모델은 유지한다.

이 챕터의 내용을 정리해보자. 시장수익률만 따라가도 상위 10%다. 그리고 시장수익률을 따라가는 가장 좋은 방법은 시장지수를 추종하는 인덱스 ETF에 투자하는 거다. 이 책 제5장에서 ETF를 활용한 가장 무난한, 그러면서도 상위 10%에 근접하는 수익률을 낼 포트폴리오를 소개한다.

단도투자법 : 잃을 땐 적게 잃고 벌면 크게 버는 투자법

'단도'란 구자라트의 말로 직역하면 부를 창출하기 위한 노력이다. 보통 '사업'으로 번역한다. 미국으로 이주한 인도인들이 사업적으로 큰 성공을 거두자, 그들의 사업 스타일을 '단도'라고 일컫는다.

이 단도를 주식투자에 적용한 투자 전략이 '단도투자법'이다. 인도

스타일이기 때문에 미국, 유럽, 일본의 영향을 많이 받은 한국에는 생소한 개념이다. 책 〈투자를 어떻게 할 것인가〉에서 소개한 단도투자법 원칙 중 내가 가장 우선해서 실천하는 원칙은 다음과 같다.

① 새롭고 혁신적인 사업보다 모방 사업이나 기존 사업에 투자하라

혁신사업은 겉으로 보기에 굉장히 매력적이다. 그러나 실패 가능성도 높고, 한 번의 실패가 큰 타격을 주기도 한다. 새로운 산업은 참조할 역사가 적다. 연구개발에 큰돈이 들지만, 성공 가능성을 예측하기 어렵다. 반면 기대감은 높아서 주가는 비싸다. 순전히 실체 없이 기대감만 있는 고PER주도 아주 많다.

실체가 명확한 기존 사업에 투자하는 편이 확률상 돈을 잃을 가능성이 적다. 분명한 사업모델을 가지고 오랜 기간 운영해 기존 실적을 분석할 수 있는 기업을 물색하자.

② 단순하게 이해할 수 있는 사업에 투자하라

아무리 말이 번지르르해도, 사업 모델을 이해할 수 있는 기업의 주식만을 보유해야 한다. 그래야 사야 할 때 사고, 팔아야 할 때 팔고, 기다려야 할 때 기다릴 수 있다. 사업모델을 이해해야 기업의 가치가 그대로인지, 더 좋아졌는지, 변질되었는지 알 수 있다.

최소한 무엇을 만들거나 팔거나 취급하거나 개발하는 회사인지 정도는 알아야 한다. 어느 제품, 상품, 서비스가 주력 매출원인지, 돈을 어떻게 버는 회사인지 알아야 한다. 미래에 어떤 목표를 두고 있으며, 그 목표를 위한 합리적인 노력을 하고 있는지 알아야 한다.

③ 항상 안전마진을 추구하라

내재가치에 비해 크게 할인된 가격에 자산을 매수하면 설령 미래가 예상과 달리 나쁘게 전개되어도 손실 가능성은 적다. 기본적으로 매수가격보다 더 떨어질 가능성이 매우 적은 경우 안전마진이 있다고 본다. 절대적으로 싸게 거래되는 때를 놓쳐선 안 된다.

④ 변동성은 크지만 손실가능성은 적은 사업에 투자하라

변동성이 크면 극도로 낮은 가격에 거래될 때가 있다. 하지만 기업이 파산하거나 추가하락 여시가 적다년 투자하기 좋다. 낮은 가격에서 사서 기다리면, 주가 사이클에 따라 오르는 때가 온다. 기업이 망할 가능성은 적지만, 외부 요인이나 경기 사이클에 따라 실적이나 주가가 크게 하락했다면 다음 상승 사이클을 기대할 수 있다.

저축과 투자의 적정 비중

자산 분배의 중요성

투자에서 리스크를 분산하면 자산 전체가 무너져 내릴 가능성은 0에 가깝다. '리스크(risk)'란 '위험'을 뜻하는 말이다. 투자에서 리스크란 두 가지 의미를 갖는다. 리스크는 '변동성'과 '손실가능성'을 포함하는 개념이다. 적정한 비중의 자산 분배는 변동성과 손실가능성을 모두 낮추고, 최종적으로 평균 수익률도 높일 수 있는 기본적인 전략이다.

주식 내에서의 분산투자 이상으로 전체 자산의 분배가 중요하다. 하지만 많은 투자자들은 분배의 적정 비중을 실천하지 못한다. 주식이 강세장일 대는 주식에 올인한다. 주식시장이 침체기에 들어서면 "역시 주식은 도박이다", "주식은 아무나 하는 게 아니다."라면서 아예 주식시장을 떠나버린다.

부동산시장이 뜨거울 때 사람들은 부동산에만 모든 역량을 쏟아붓는다. 부동산이 폭등할 때는 모두가 과도한 빚을 떠안으면서가지 부동산에만 투자한다. 그러다 부동산 거품이 꺼지면 곡소리를 낸다. 그게 2008년 서브 프라임 모기지 사태의 시작이었다. 반대로 부동산과 주식 모두 수익이 변변찮고 금리가 높을 때가 있다. 이럴 때 많은 사람들은 부동산이나 주식에 전혀 투자를 하지 않으려 한다. 현금성 자산만 저축해서 쌓아두려고 한다.

주식이 몽땅 망해도 현금, 채권, 금이 있다면 버틸 수 있다. 모든 금융상품 가격이 한꺼번에 하락하는 일은 거의 없다. 주식에도 성장주의 때와 가치주의 때가 따로 있듯, 자산도 각자의 때가 있다. 금 가격이 잘 오를 때가 있고, 원유가 오를 때가 있고, 달러가 오를 때가 있고, 주식이 오를 때가 있고, 부동산이 오를 때가 있고, 예·적금이 가장 나을 때도 있다. 하지만 그 때의 전환기는 아무도 알 수 없다. 그러니 돈을 미리 여러 자산 유형에 분산해 두는 게 좋다. 가장 대표적인 분산 방법은 '주식-현금' 분배다. 여기에 원유, 금, 달러, 채권, 부동산 등을 추가할 수 있지만, 우선 기본적으로 주식과 현금의 비율을 어느 정도로 가져가야 할지 알아보자.

자산 적정 비중에 대한 조언은 경기 사이클에 따라 천차만별이다. 일반인들 사이에서 주식 붐이 일 때, 가령 1999년 닷컴버블이나 2020~2021년의 주식 강세장에서 투자자들은 "주식만이 답이다."라는 담론을 만들어 낸다. "저금리 시대에 저축과 절약만으로는 부자가 절대 될 수 없다."라고 한다. 심지어 "오히려 주식이 장기적으로 안전자산이다."라는 말까지 나온다.

물론 실제로 장기투자는 손실가능성이 매우 낮다. 시장지수(코스피나 S&P500 지수 등)에 10년 이상 투자한다면 손실가능성은 0%에 가깝다. 하지만 같은 기간에 시장에서 완전히 도태되고 파산하는 기업도 많다는 사실을 명심해야 한다. ETF가 아닌 주식 개별 종목은 얼마든 손실가능성이 생길 수 있다.

주식투자할 때 현금이 필요한 이유

어느 때라도 현금(또는 현금성 자산)은 필요하다. 재테크에서 현금의 효용성은 2가지다. 첫째, 현금은 비상금이다. 인생에는 언제나 급한 돈이 필요할 때가 온다. 예기치 못하게 아이가 생길 수도 있고, 큰 병에 걸릴 수도 있다. 해고나 사기를 당하거나 사업이 망할 수도 있다. 부동산은 환금성이 낮아서 급한 돈을 빠르게 마련하기 어렵다. 주식은 변동성이 커서 갑자기 완벽한 매도타이밍을 포착하기 어렵다. 의도치 않게 손절을 하거나, 잠재력 있는 주식을 섣불리 매도해야 할 수도 있다.

최소한 지금의 일자리를 잃어도 3개월에서 1년은 생계유지가 가능한 수준의 현금은 확보해두는 게 좋다. 비상금 목적의 현금이라면 각자의 소비 수준, 리스크 감수 능력, 근로소득 수준, 직업 안정성, 건강, 부양가족 수에 따라 다르다. 투자를 본격적으로 하려면 자신에게 알맞은 비상금은 마련하는 게 좋다.

현금의 두 번째 효용성은 향후 추가 매수를 위한 예비금이다. 주식투자를 하다 보면 추가매수가 필요한 타이밍이 있다. 일시적인 악재로 주가가 하락했고 기업 가치는 그대로라면 추가매수할 현금이 필요하다. 이럴 때 투자할 현금이 없다면 매수타이밍을 잡을 수 없다. 물론 대출해서 투자금을 마련할 수는 있지만, 그리 추천할 만한 방법은 아니다.

그래서 주식투자를 막 처음 시작한 해에는 자산의 대부분이 예·적금이었다. 결혼자금과 대학원 등록금도 모아야 했고, 투자에 쓸 종잣돈도 적었다. 무엇보다 내 투자 실력을 신뢰할 수가 없었다. 주식투자 금액은 100만 원부터 시작해서 아주 천천히 늘려나갔다.

수익률이 높아도 투자금액 자체가 적으니 수익은 변변찮았다. 100만 원으로 연 10% 수익률을 내 봐야 10만 원밖에 안 되니까. 게다가 주식 초보자가 1년에 10% 수익률은커녕 손실이나 안 나면 다행이었다. 주식에 쏟아 부은 노력과 시간은 많았으나 실제 벌어들인 돈은 적었다.

적정 주식 비중은 '100-자기 나이'?

어떤 재테크 전문가는 주식에 '100-자기 나이(%)' 정도의 비중을 두라고 조언한다. 가령 30살이라면 100-30인 70%를 주식에 투자하라고 조언한다. 나이가 많을수록 주식 비중은 줄여야 한다. 30살이라면 전체 자산 중 100-30=70%를 주식에 투자한다. 70살이라면 100-70을 하여 주식 비중은 30%만 가지고 있어야 한다. 나머지 70%는 안전자산으로 묶어두어야 한다.

이렇게 조언하는 이유는 연령에 따라 리스크를 감수할 능력과 상황이 다르다고 보기 때문이다. 젊으면 주식의 원금손실 리스크를 견딜 수 있다. 또 부양해야 할 가족도 적고, 앞으로 받을 벌어들일 소득이 높다. 앞으로 투자로 만회할 기회도 많다. 돈을 잃어도 만회할 기회가 많다는 뜻이다. 그래서 젊은 사람일수록 전체 자산에서 주식 비중을 높게 가져가라고 한다.

반면 나이가 많다면 퇴직으로 근로소득이나 사업소득이 없거나 곧 끊긴다. 부양해야 할 가족도 많고 병원비 지출도 생긴다. 젊은 사람보다 일해서 돈을 벌 날은 짧고, 나갈 돈은 많다. 나이가 많을수록 공격적으로 자산을 운용했다가 돈을 잃으면 만회할 기회가 적다. 그래서 나이가 들수록 안전하게 자산운용을 하라며 '100-자기 나이' 공식을 지키라고 한다.

이 공식이 완전히 틀렸다고 생각하진 않는다. 나이가 들고 소득이 줄어들 때가 올수록 안전자산의 중요성이 높아진다. 공격적인 투자는 나이가 들기 전에 하고, 노후에는 투자자산을 일부 손실가능성과 변동성이 낮고 환금성이 높은 안전자산으로 전환해야 한다. 노후에는 저배당 성장주보다 배당주가 좋고, 목돈보다는 현금흐름이 중요하다.

하지만 모든 사람이 같은 연령대에 동일한 투자자산 비중을 일괄적으로 적용할 수는 없다. 난 20대 중반에 주식 자산이 10%에 불과했다. 오히려 나이가 들수록 자산에서 주식의 비중을 점점 늘려왔다. 투자의 거장 워런 버핏은 전체 자산의 90% 이상이 주식이다. 그는 자신이 죽은 후 아내에게 유산을 'S&P500 지수 추종 ETF 70%, 미국 장기 국채 30%'의 비중으로 남겨주겠다고 말했다.

주식투자를 도박처럼 하거나, 여윳돈이 없거나, 가계 재무상 큰 이벤트를 앞두었다면 주식 비중을 낮게 잡거나 아예 하지 않는 게 좋다. "저금리 시대에는 주식투자가 필수다.", "요즘은 주식투자 안 하는 사람이 없다."는 논리로 자기 역량과 상황을 초과할 정도로 주식 비중을 높이지 말자. 주식에만 모든 돈을 끌어 모은다면, 주식 시장이 조금만 출렁거려도 자산 전체가 출렁이는 법이다. 주식으로 돈을 잃지 않으려면 자신에게 맞는 적정 주식 비중을 생각해보자.

이 정도가 될 때까진 현금을 꾸준히 모아라

비상금과 투자예비금으로서 현금은 필요하다. 현금 적정 비중은 거기에 맞출 필요가 있다. 우선 비상금 측면에서 최악의 상황(본인이나 가족의 실직, 파산 등)에도 6개월 이상은 최소한의 생계를 유지할 현금을 쌓아둬야 한다. 그렇지 않으면 재정적인 위기 때 주식을 섣부르게 매도해야 할 상황이 온다.

전체 자산의 몇 %가 아니라, 위기의 시기를 버틸 수 있는 '금액'이 필요하다. 평소 생계유지에 드는 돈이 많다면 더 많은 현금이 필요하다. 부양가족이 많거나, 거주지의 물가가 높거나, 고정지출이 많다면 생계유지에 필요한 금액이 더 높을 수밖에 없으니 말이다.

다음으로 투자예비금 측면에서 추가매수의 여력을 남겨둬야 한다. 주식시장에서 주가가 10%나 20% 또는 그 이상 하락하는 때는 매우 흔하다. 이럴 때 기업 가치는 변함없이 가격만 내린 주식은 매수하기 좋다. 나는 기업 가치는 그대로인데 주가만 크게 하락한 시기를 '바겐세일' 기간으로 생각한다. 흔들리는 건 기업이 아니라 투자자의 마음이다.

이런 시기를 대비해서 추가매수에 쓸 현금이 미리 있어야 한다. 미국주식에 투자한다면 환율이 낮을 때 미리 환전해두길 추천한다. 투자예비금을 한 번의 주가 하락에 모조리 쏟아부을 필요는 없다. 추가하락의 가능성은 항상 염두에 두고 조금씩 나눠서 매수하는 게 안 전하다. 설령 준비해둔 투자예비금을 다 못 쓰고 남겨두더라도 이렇게 하는 편이 더 안전하다. 이렇게 시간 간격을 두고 조금씩 나눠서 매수하는 방식을 '분할매수'라고 한다.

　분할매수하는 방법은 여러 가지가 있지만, 나는 고점 대비 하락폭을 기준으로 분할매수한다. 가령 고점 대비 -10% 하락했을 때 전체 투자예비금의 1/4을 투입한다. 또 떨어져서 고점 대비 -20%가 되면 또 투자예비금의 1/4을 사용한다. 물론 기계적으로 매수하진 않고 주가하락기에 기업 가치가 변질되진 않았는지, 내부적인 악재는 없는지 반드시 살펴본다.

　비상금과 투자예비금으로 쓸 '금액'에 도달할 때까지 저축은 계속했다. 현금이 많았던 덕분에 개인적인 위기 상황과 인생의 큰 이벤트들을 모두 무사히 넘길 수 있었다. 울며 겨자 먹기 식으로 손절을 해서 손실을 확정하는 일도 없었다. 수익을 충분히 낼 때까지 기다릴 수 있었다. 아마 주식 비중을 지나치게 늘렸다면 결혼할 때나 대학원 등록금 시기에 손절을 해야 했을지도 모른다. 사기를 당한 후에는 회생이 더 어려웠을 것이다.

분산투자의 원칙

로우 리스크 하이 리턴

앞에서 전체 자산 내에서의 분산을 말했다면, 이번에는 주식이라는 한 유형의 자산 내에서의 분산이다. 분산투자는 여러 종목에 투자하면 손실가능성이 낮아진다는 단순한 원칙이다. 모든 상장 기업이다 일시에 망하거나 폭락하는 일은 많지 않다. 어떤 기업이 폭락하더라도 같은 날 또 다른 기업은 주가가 오른다. 기술주가 오르는 기간이있고, 일반 소비재주가 오르는 기간이 있고, 금융주가 오르는 기간이있다. 뭐가 되었든, 그 어떤 폭락장에도 오르는 주식은 꼭 있기 마련이다.

통계적으로도 분산투자는 소수 종목에만 집중투자했을 때보다 '로우 리스크 하이 턴(low risk-high turn)' 패턴을 보여준다. 보통 자산은 '하이 리스크 하이 리턴(high risk-high return)', 즉 리스크를 많이 감수할수록 수익이 높아진다. 하지만 분산투자는 장기적으로 리스크는 낮추면서도 수익은 높여 준다. 보유 종목 수가 많을수록 손실가능성과 변동성이 낮아지고, 낮은 리스크가 축적되면서 장기적으로 수익률은 늘어나는 경향이 있기 때문이다.

몇 종목을 보유해야 분산투자일까?

그렇다면 대체 몇 개의 종목을 보유해야 하는가? 보유종목 수를 20개나 100개로 늘리면 로우 리스크 하이 리턴이 가능할까? 사실 분산투자의 원칙과 목적을 생각하면 종목 수 자체는 절대적인 기준이 아니다. 2개 종목만으로 분산 효과를 얻기도 하고, 20개를 보유하고도 분산 효과를 얻지 못할 수도 있다.

분산투자에서 종목 수보다 중요한 건 종목 간의 상관관계다. 종목 간 주가 상관관계가 낮은 종목에 투자해야 리스크가 분산된다. 종목 간에 상관관계가 높다는 말은 쉽게 말해 "A종목과 B종목의 주가가 비슷하게 움직인다."라는 의미다. 반대로 종목 간 상관관계가 낮다는 말은 "A종목과 B종목의 주가 움직임이 다르다.", 즉 무작위하거나 반대로 움직인다는 의미다. 진짜 분산투자는 주가 변동 움직임이 서로 다른 여러 개의 종목에 투자하는 포트폴리오다. 아무리 많은 종목을 보유해도 그 종목들이 다 같이 오르고 같이 내린다면 이는 분산투자가 아니다.

예를 들어 애플, 마이크로소프트, 아마존, 메타, 알파벳, 엔비디아, 테슬라 이렇게 7개 종목을 보유하는 건 엄밀히 말해 분산투자가 아니다. 모두 미국기업이고, 기술주이며, 성장주이다. 이 종목들의 주가는 같이 오르고 같이 내린다. 즉, 종목 간 상관관계가 높다. 분산투자를 통한 리스크 분산의 효과를 보기 어렵다. 사실상 '미국 성장기술주'라는 하나의 테마에 집중투자하는 셈이다.

한편 삼성전자, 존슨앤존슨, 애플, TSMC, 엑손모빌, 코카콜라, JP모건 7개 종목에 투자한다면 앞의 포트폴리오 예시보다는 분산투자 효과를 더 얻을 수 있다. 오해하지는 말자. 이 7개 종목을 추천하는 건 아니다. 국가, 업종, 배당성향 등이 달라서 주가 상관관계가 비교적 낮다는 점에 주목하라는 의미로 보여준 사례다. 이 7개 종목에는 국가별로는 한국, 대만, 미국을 포함한다. 업종은 반도체, 제약, IT/스마트기기, 원유, 소비재, 금융 업종을 포괄한다. 배당성향이 높은 종목과 배당성향은 낮지만 성장성이 큰 종목도 모두 포괄한다.

어떤 기준으로 분산해야 하나?

내 포트폴리오에 있는 주식/ETF 종목은 총 12개다. 이 12개 안에 고배당주와 저배당주, 미국주식과 한국주식, 기술주와 일반 소비재 및 유통주, 성장주와 가치주를 모두 포함한다. 고배당주는 경기침체기에 하락폭이 더 적다. 주로 고배당주로 배당수익을 얻고, 저배당 성장주로 주가 시세차익을 얻는다. 미국주식은 달러환율 상승기에 환차익을 얻을 수 있다는 이점이 있다. 한국주식은 '국내주식'이라서 투자하기보다는 '신흥국 주식'으로서 투자한다. 현재는 미국주식의 비중이 압도적으로 높다.

업종은 최대한 다양한 업종을 포괄하되, 내가 이해할 수 있는 업종에만 투자한다. 성장주와 가치주를 균형 있게 보유하여 성장주 사이클에는 낮아진 가치주를 추가매수하고, 가치주 사이클에는 낮아진 성장주를 추가매수하는 식으로 주기적인 리밸런싱을 가한다.

대형주와 중소형주를 나누어 분산투자하는 투자자도 많지만 난 이 방식을 선호하지 않는다. 중소기업은 정보를 찾기 어렵고, 주가 변동폭이 대형주보다 커서 개인적으로 부담을 느낀다. 또 대형주와 중소형주의 주가 변동 상관관계가 그리 낮아보이지도 않는다. 즉, 대형주가 떨어지면 중소형주도 같이 떨어지고, 대형주가 오르는 시기에는 중소형주도 같이 오를 때가 많다. 그래서 굳이 대형주와 중소형주를 나누는 방식으로 분산하진 않는다.

국가별 분산투자는 주의할 점이 있다. 글로벌 기업에만 투자한다면 굳이 특정 국가의 주식을 살 필요는 없다. 세계경제에 따라 어차피 비슷하게 주가가 움직이기 때문이다. 미국의 글로벌 기업에만 투자할 때나 미국, 유럽, 한국의 글로벌 기업에 모두 투자할 때나 분산효과는 비슷하다. 따라서 미국의 글로벌 기업 주식을 주로 투자하면서 상당히 낮은 비중으로 신흥국(한국 포함)의 내수 위주 기업에 나누어 투자하길 권한다.

가장 권장하는 분산 기준은 '업종'이다. 각 산업분야는 고유한 상승-하강 국면 사이클이 있다. 쉽게 말해 어떤 때에는 A업종이 호황이고, 어떤 때는 B업종이 호황이다. 한 업종이 호황일 때 다른 업종은 불황이다. 그러나 각 업종별 호황-불황의 정확한 시점은 아무도 알 수 없다. 그러니 미리 여러 업종에 투자하며, 특정 업종의 불황에 모든 돈을 탕진하지 않을 수 있다.

예를 들어 2020년은 반도체 공급 부족과 D램 가격 상승으로 TSMC, 삼성전자, 엔비디아 같은 반도체 업종이 호황이었다. 반면 같은 해 국제유가가 크게 하락하고 2차전지, 전기차, 신재생 에너지에 투자자의 관심이 집중되며 엑손모빌, 쉐브론 등 정유 업종은 불황이었다. 그 후 1년이 지나서는 상황이 바뀌었다. 반도체 시장은 하락 사이클을 타기 시작했다. 반면 한동안 완전히 침체해서 사양산업 취급 받던 정유주는 주가가 급등했다. 러시아의 우크라이나 침공과 이에 대한 서방국가의 대규모 경제제재 때문에 국제유가가 상승한 결과다.

　만일 삼성전자에만 모든 투자자금을 투입했다면, 그 투자자는 2021년이 고통스러웠을 것이다. 엑손모빌에만 투자했다면 2020년 국제유가가 마이너스를 찍을 때 눈물을 머금었을 테고 말이다. 너무 고통스러워서 국제유가가 크게 치솟는 2022년 상반기가 되기 전에 주식시장을 떠났을지도 모른다. 이렇듯 업종별로 주가의 변동 상관관계는 낮은 편이다. 업종별로 다양한 종목에 분산투자하면 특정 업종의 불황기에 모든 돈을 잃는 일은 없다.

　단, 업종별로 분산투자할 때 주의할 점이 있다. 바로 자신이 이해할 수 있는 업종에만 투자해야 한다는 원칙이다. 다양한 업종에 투자해야 한다는 원칙이 강박으로 바뀔 때가 있다. 이 강박 때문에 잘 알지도 못하는 새로운 업종을 투자하면 힘들어진다. 잘 알지 못하는 업종에 투자하면 종목을 선택하고 매매 타이밍을 잡는 기준을 잡지 못한다. 그래서 눈대중과 감에 의존해서 투자하다가 고점에 들어가고 섣불리 매도하기 일쑤다. 분산투자해야 한다는 강박 때문에 생소한 업종에 투자하지는 말자. 나는 이 원칙 때문에 2차전지, 전기차, 에너지, 의류, 시멘트, 건설 관련주에 투자하지 않는다. 물론 이 업종도 공부를 하면 언젠가 이해하겠지만, 딱히 업종을 추가할 매력을 느끼고 있지도 않다. 만약 여러분들이 이 업종에 관심과 지식이 있다면 분산 포트폴리오에 추가해 봐도 좋다.

분산투자 포트폴리오 구성의 조건

첫째, 가격변동의 상관관계가 낮은 종목

둘째, 장기적으로 우상향하는 종목

셋째, 분석할 수 있을 만큼 내가 아는 종목

분산의 네 가지 차원

① 자산 : 주식 외에도 현금, 채권, 원자재 등 자산을 여러 유형으로 분산한다.

② 업종 : 기술, 유틸리티, 건설/부동산, 자재, 소비재, 제약 등 다양한 업종을 보유한다.

③ 통화 : 원화로 보유한 종목과 달러 등 외화로 보유한 종목으로 분산한다.

④ 시기 : 목돈을 한꺼번에 투자하지 않고 몇 번에 나눠서 '분할매수'한다.

돈을 다 잃었을 때 대응법

모든 노력이 물거품이 되었을 때

인생은 예측과 통제가 불가능한 요소로 가득 차 있다. 그래서 앞에서 말한 '돈을 잃지 않는 원칙'을 지켜도 돈을 탕진하게 될 때가 올 수 있다. 내 상식을 완전히 벗어난 규모의 경제위기, 개인적인 사유로 인한 대규모 지출, 기타 사건사고들 때문이다. 또 이 원칙들을 알기 전에 잘못된 투자를 해서 돈을 잃은 독자도 많을 것이다. 이런 사람들을 위해 내 경험을 하나 들려주고자 한다. 투자를 시작하고 겨우 안정궤도에 올랐을 때에 모든 돈을 잃었다.

취업 후 월급을 모아 야금야금 소액투자를 해서 예금, 적금, CMA, 주식, ETF로 1,000만 원가량을 모았다. 그러던 어느 날 아주 미련한

짓을 저질렀다. 보이스 피싱을 당해버렸다. 이전에는 그 수법에 당한 다른 사람을 내심 순진하고 멍청하다고 생각했는데. 막상 내가 당하니 완전히 혹해서 돈을 넘겨버렸다.

1,000만 원을 모았었는데 연 이율이 16%인 카드빚 1,600만 원이 생겼다. 사실 사기를 당하면 돈을 잃은 것 자체보다는 내가 속았다는 데서 오는 자괴감과 죄책감이 더 괴롭다. 아마 투자실패도 마찬가지일 것이다. 경제적 충격보다 '내가 틀렸다'는 정서적 충격이 더 크다. 보이스 피싱을 당한 나는 그동안의 모든 노력이 수포로 돌아갔다는 사실, 너무도 뻔한 수법에 넘어갔다는 죄책감과 자괴감, 보이스 피싱을 당했다고 누구한테 말도 못하는 고립감, 사기꾼들에게 당한 굴욕감, 다시 처음부터 시작해야 한다는 막막함이 나를 지배했다. 오히려 보이스 피싱을 당한 순간에는 괜찮았지만, 며칠 후 밤과 새벽이 괴로웠다. 보이스 피싱임을 충분히 직감하고 피할 수 있었던 여러 기회들에 미련이 남았다. 사기꾼들을 진심으로 저주하고 그들을 고문하는 공상까지 했지만 소용없었다.

사기꾼들은 잡지 못했고 빼앗긴 돈은 찾지 못했다. 그 놈은 CCTV 사각지대 속으로 숨어들었다. 경찰도 더 이상 그들을 좇을 방법이 없었다. 비슷한 수법의 사기꾼을 검거했다는 뉴스는 봤으나, 내 돈을 뺏어간 그 놈은 아니었다. 온라인상에서 사기 피해자 그룹에 들어갔는데 다들 100만 원 이내의 소액 피해자들이었다. 나는 1,600만 원 빚이 생겼는데 중고나라에서 10만 원 사기 당한 고등학생과 같이 있고 싶지 않았다. 내가 공감할 대상도 찾기 어려웠다. 이제 그동안의 노력과 모은 돈은 이제 없다는 현실을 인정해야 했다. 사기든 투자실패든 실직이든 모든 돈을 잃은 사람들은 대부분 이와 비슷한 정신적 고통의 과정을 거친다.

울지만 말고 생각을 해라

정신적 고통을 어느 정도 추스른 후에는 바로 전략을 구상했다. "내가 왜 그랬을까?", "왜 나에게 이런 일이 생긴 걸까?"라는 생각은 과거에 묶인 생각이다. 이제 생각을 현재와 미래에 두어야 했다. 바로 '지금 당장' 어떻게 해야 하는가를 물을 때다.

지금 그리고 앞으로 어떻게 행동해야 할지가 문제였다. 과거에 묶인 생각에 골몰할 때는 가만히 누워서 생각할수록 더욱 고통스러웠다. 생각을 현재와 미래에 두고 실천에 옮기자 과거에 연연하며 자책하고 절망할 틈이 없었다. 돈을 잃어 고통스럽다면 과거에 묶인 생각에서 탈출하자. 그게 우선이다.

우선 카드빚부터 갚아야 했다. 이율이 16%나 되었기 때문에 이 빚을 잡지 못하면 이자와 원금상환으로 더 힘들어질 터였다. 예금, 적금, CMA는 물론 안타깝게도 주식과 ETF까지 모조리 현금화해서 카드빚을 최대한 갚았다. 그나마 다행인 건 당시 주식시장이 호황기라 모두 수익권이었다. 그리고 월급을 받을 때마다 카드빚 상환이 최우선이었고, 생활비는 더더욱 조였다. 이것도 모자라 송구스럽게도 삼촌에게까지 도움을 받았다. 이래저래 카드빚 이자로 새어나갈 돈은 빠르게 틀어막았다.

이후에는 한동안 주식투자를 하지 않았다. 비록 적은 돈이지만 전 재산을 잃었고, 나라는 존재에 큰 모욕감을 안고 있었다. 이럴 때는 절박한 마음에 더 공격적으로 무리하게 투자할 수도 있다. "사기를 당한 건 이번 한 번뿐이야. 나는 원래 똑똑한 사람이다. 그걸 보여주겠어."라는 과도한 자기증명 욕구와 보상심리가 되레 잘못된 투자판단으로 이어지기 때문이다. 내 자신이 투자에서 평정심을 가질 상황이 아니었기 때문에 반 년 정도는 주식투자를 하지 않았다. 초심으로 돌아가 소비를 줄이고 저축액을 늘렸다.

급한 돈 문제는 어느 정도 해결하면서 정신적인 문제도 함께 손을 봤다. 앞에서 말했듯, 돈을 잃은 그 자체보다 내가 사기를 당한 바보라는 생각, 그동안의 노력이 통째로 부정당하는 느낌, 가족을 향한 미안함 등 복합적인 생각과 감정이 더 힘들다. 그러니 제발 어떤 범죄든 피해자 탓으로 몰아가는 짓은 절대 하지 말자. 그렇지 않아도 피해자 스스로가 가장 많은 비난의 화살을 스스로에게 돌리는 중이니까 말이다.

나를 살려낸 말

파산 지경에 이르렀다면 돈이 문제가 아니다. 정서적으로 매우 취약해진다는 점이 가장 위험하다. 생활고나 수치심을 견디지 못하고 극단적 선택을 하는 경우도 종종 발생한다. 내가 사기를 당한 후 정신적 고통에서 벗어나는 데 가장 큰 도움을 준 텍스트는 성경, 빅터 프랭클, 니체의 말과 글이었다. 성경에 따르면 하나님은 우리가 감당할 수 있는 고난만을 준다. 어떤 고난이 있다는 건 내가 그 고난을 견딜 수 있는 힘이 있기 때문이다. 그리고 그 고난은 연단이 된다. 고난을 통해 성장하고 성숙한다는 말이다.

보이스 피싱을 당한 일은 지금까지 내가 겪은 고난 중 가장 큰 고난 중 하나였다. 그런데 이 고난을 통해 나는 돈, 인간, 사람을 보는 새로운 태도와 관점을 배웠다. 스스로 이성적이고 합리적인 투자자였다는 교만을 꺾었다. 또 감히 이해할 수는 없지만, 내가 이 일을 당한 데에는 세상을 주관하는 존재의 어떤 뜻이 있었겠거니 했다. 더 신앙적으로 표현하자면 '선하신 하나님', '나의 모든 것을 아는 하나님'의 작정과 섭리를 믿었고 거기에 의지했다. 이러한 하나님의 성품을 묵상하는 데 「우리가 하나님을 오해했다」, 「고통 속에서 하나님을 발견하다」와 같은 책도 추천한다.

이 말이 너무 종교적이라 거부감을 느끼는 독자도 많을 것 같다. 그렇다면 성경이 아닌 다른 책으로도 힘을 얻을 수 있다. 정신과 의사

빅터 프랭클 박사는 유대인으로서 제2차 세계대전 당시 끔찍한 유대인 수용소에서 살아남았다. 그는 수용소에서 굶주림과 강제노역을 견뎠고, 모욕을 당했다. 가족은 다른 수용소에서 죽었다. 수용소 안에서 인간성을 잃은 자들을 봤다. 심지어 본인 스스로도 그 인간성을 잃는 경험을 했다.

그 중에서도 어떤 사람들은 일찍 죽었고 어떤 사람들은 삶을 이어갔다. 삶의 의미를 잃은 사람은 더 시름시름 앓다가 죽었다. 반면 그 안에서조차 삶의 의미를 놓지 않고 새로운 의미를 찾으려던 사람들은 고통 중에 살 수 있는 힘을 가졌다. 빅터 프랭클은 수용소에서의 경험과 자신의 이론을 책 「죽음의 수용소에서」로 남겨 세상에 공헌하고자 하는 삶의 의미를 찾았다고 한다. 결국 똑같은 고통의 상황에서도 삶의 의미를 찾으면 얼마든지 살아갈 수 있다. 사기를 당한 나에게는 삶의 의미가 필요했다. 물론 돈도 필요했지만, 궁극적으로 내가 살려면 그 의미를 추구해야 했다.

그 놈들은 돈이라는 나의 아주 큰 부분을 앗아갔다. 하지만 나의 모든 것을 빼앗지는 않았다. 그 놈들은 신앙, (지금은 아내가 된) 연인, 지성, 직장, 가족, 친구, 글 중 그 무엇도 능히 빼앗지 못했다. 많은 걸 뺏어간 건 사실이지만, 모든 걸 빼앗지 못했다. 여전히 내가 살아야 할 이유, 삶의 의미는 충만했다. 그러니 누워서 좌절할 때가 아니라 내가 할 일을 하면 됐다. 내가 이대로 쓰러진다면, 그 놈들에게 모든 것을 빼앗겼다고 인정하는 꼴이었다.

기독교도 싫고 책을 읽기도 귀찮다면 니체의 이 말 한마디만 기억

해도 좋다. "나를 죽이지 못한 고통은 나를 더 강하게 만들 뿐이다." 이 말은 앞에서 말한 성경의 고난론이나 빅터 프랭클의 이론과도 일 맥상통한다. 실제로 빅터 프랭클은 그의 책 「죽음의 수용소에서」 에서 니체의 이 말을 수차례 인용했다. 돈을 잃어서 고통스럽지만 그 고통이 나를 죽이지는 못 한다. 그리고 내가 죽지 않고 이겨내면 그 고통은 경험이 된다. 돈을 잃고 좌절했다가 지금 다시 돈을 모으고 이 책을 쓰는 나처럼 말이다.

2022년 주식과 암호화폐 투자 실패로 파산 신청한 투자자가 증가 했다. 특히 젊은 투자자들은 이례적인 강세장에 지나치게 공격적인 투자를 감행했다. 그러다 2022년 상반기 이례적으로 긴 약세장을 견디지 못했다. 돈도 잃었을 테지만, 실패했다는 생각 자체에 압도된 청년이 많다.

투자로 돈을 다 잃었다면 정신부터 차리자. 왜 돈을 잃었는지 냉철히 성찰하되, 자책하지는 말자. 그 성찰로 지금 그리고 앞으로 해야 할 일을 생각하고 그대로 실천하면 된다. 올바른 투자 원칙을 지켰는데 단순히 운이 없어서 돈을 잃었다면 다음을 기약할 수 있다. 여기서 소개한 '돈을 잃지 않는 투자법'을 지키지 않아서 돈을 잃었다면 그 원칙을 하나하나 배워서 적용하면 된다. 실수는 조금씩 배우며 바꾸면 된다. 잃은 돈을 만회하려고 무리한 투자를 하지 말고 오히려 이전보다 더 합리적이고 방어적으로 투자해야 한다. 돈을 잃었다고 돈보다 더 소중한 다른 것까지 잃을 수는 없지 않은가.

제4장

주식 때문에
일이 손에 안 잡힌다면

젊은 날 인생역전의 판타지

망상과 현실

암호화폐나 주식투자 열풍이 불 때 직장인들은 본업에 소홀해진다. 투자로 대박을 터뜨려 이 지긋지긋한 직장을 때려치우고 싶은 마음이다. 사실 이런 마음은 복권을 살 때와 비슷하다. 합리적으로 생각한다면 복권을 살 사람은 아무도 없다. 복권 1장을 받겠느냐, 500원을 받겠느냐고 물으면 많은 사람들이 복권 1장을 선택한다. 산술적으로 복권 1장이 500원 이상의 기대가치를 지니지 못하는데 말이다. 사람들은 복권 당첨 확률을 구매하지 않는다. 그들은 복권 1장에 담긴 인생역전의 판타지를 구매한다. 복권, 도박 그리고 인생역전 판타지를 목표로 하는 투자는 무작위한 낮은 확률에 돈을 거는 행위다.

복권, 도박, 주식에 돈을 '베팅'한 사람은 인생역전이라는 망상에 가까운 희망으로 살아간다. 그렇다. 주식투자로 단 한 방에 인생을 역전할 거란 생각은 망상이다. 이제 망상이 아닌 현실로 돌아오자. 주식투자로 돈이 불어나는 데에는 시간이 필요하다. 그 시간을 기다리지 못하고 이것저것 하다 보면 무리수를 던진다.

인생역전 판타지에 취약한 인간의 뇌

인간의 뇌는 통계에 약하다. 대신 서사와 프레임에 끌린다. 통계적으로 생각한다면 투자로 단기간 인생역전을 희망하진 않을 것이다. 통계적 경향성은 이렇다. 매매를 적게 한다면 시장지수와 비슷하게 연 6~9%의 수익을 낸다. 배당금을 재투자하고, 폭락기에 추가매수한다면 장기적으로 수익을 극대화할 수 있다. 한 방의 역전이 아니라 꾸준히 모이며 복리의 효과가 난다.

하지만 서사와 프레임을 좋아하는 인간의 뇌는 이런 통계적 경향성은 안중에 없다. 99개의 현실보다는 1개의 드라마틱한 사례를 좋아한다. 한 번의 기회에 크게 도전해서 대박을 거두는 사람의 이야기. 여기에 가난으로 힘들었던 시기, 성공하기까지 주변 사람들의 반대와 시기, 그 눈길 끄는 하나의 스토리가 현실의 전부처럼 보인다. 많은 투자자들은 주식투자란 '원래' 그렇게 하는 거라 생각한다.

이 원래 그럴 거라는 착각 때문에 누군가는 주식투자에 목숨을 건다. 신세를 단박에 뒤집고 싶어서다. 누군가는 주식투자를 죄악시한다. 주식투자는 도박이기 때문이다. 이제 우리는 서사가 아니라 현실을 봐야 한다. 투자는 재미없게 해야 한다. 재미없게 조금씩 복리의 효과를 보는 기다림이다. 주식투자는 역설이다. 빠르게 부자 되려는 생각이 가장 빠르게 탕진의 길로 이끈다. "5분 빨리 가려다 50년 빨리 간다."라는 교통사고 예방 캠페인 문구가 생각난다. 당장 내일 부자 되려다가 가난해진다.

인생역전의 꿈은 말 그대로 꿈이다. 현실은 그렇지 않다. 단박에 인생을 역전하게 해준다는 약속은 단박에 인생을 망하게 하는 칼이다. 어떤 사람은 내게 이렇게 말한다. "그렇게 해서 언제 돈 벌래?" 이런 말은 주식시장이 전반적으로 강세장일수록 많이 듣는다. 그리고 주식시장이 조금만 주춤해도 "그렇게 해서 언제 돈 벌래?"라던 사람들은 그렇게 해서 망해버린다.

이런 일은 나만 겪는 일은 아니다. 책 「전설로 떠나는 월가의 영웅」으로 유명한 피터 린치 역시 주변 사람들의 반응이 달라진 경험을 겪었다. 정식 이론은 아니지만 이른바 '칵테일 파티 이론'이라 한다. 그가 칵테일 파티에 가면 처음에는 피터 린치가 펀드매니저라고 소개할 때 사람들은 별 관심을 갖지 않는다. 그러다 주식시장이 본격적인 강세장에 들어서면 사람들은 피터 린치에게 관심을 보이고 조언을 구한다. 강세장이 최절정기일 때는 "그렇게 해서 언제 돈 벌래?" 라며 단기적인 성공을 거둔 초짜가 오히려 피터 린치에게 훈수를 둔다. 주식시장의 거품이 꺼지면 이제 사람들은 주식시장을 완전히 떠나버린다. 다시 피터 린치에게 관심을 두는 사람이 없어진다.

세계의 부자 중에 주식투자만으로 부자가 된 사람은 별로 없다. 대부분은 자기 사업을 일궈낸 사람들이다. 드물게 어떤 부자는 상속을 받거나 부유한 배우자와 이혼하며 재산분할로 부자가 되기도 한다. 세계적 수준이 아니라 주변을 돌아봐도 이 패턴은 동일하다. 주식투자'만'으로 부자가 된 사람은 '거의' 없다. 아예 없다고 할 순 없다. 하지만 이제 우리는 사례가 아니라 통계를 보고, 서사가 아니라 현실을 보는 눈을 키워야 한다.

주식투자로 인생역전한 사람의 특징

주식투자로 인생역전했다고 주장하는 사람은 대개 다음 셋 중 하나다. 일시적 대박, 사기꾼, 진짜 고수. 첫 번째 '일시적 대박' 유형은 지금 현재 아주 운 좋게 단기적인 성공을 거둔 투자자다. 이 사람은 그 성공을 오래 지속할 수 없다. 주식시장이 강세장일 때 이런 유형을 아주 많이 볼 수 있다. 어린 나이에 대박을 쳐서 파이어족이 되었다는 사람도 최소 과반수는 이 유형이다. 성공을 축하해줄 수는 있지만, 그의 방식과 마인드를 벤치마킹할 수는 없다. 이들이 5~10년 후에도 동일한 방식으로 성공을 지속한다면 인정을 넘어 존경을 마다하지 않아야 한다.

또 다른 한 유형은 '사기꾼'이다. 손실이 난 부분은 감추고 성공한 부분만 보여주거나, 여러 계좌 중 가장 성공한 계좌 하나만 공개한다. 성공을 과시하기 위한 허세와 사치도 서슴지 않는다. 이런 사람은 주식투자는 돈을 못 벌지만 다른 방식으로 돈을 번다. 강연, 블로그/유튜브 광고수익, 유료 리딩방 개설, 책 출간 심지어는 투자사기를 통해 주식투자보다 더 많은 수익을 낸다. 이들을 부러워하고 질투를 느낀다면 당신은 이 사기꾼들의 잠재적 고객이다.

마지막 유형은 '진짜 고수'다. 인생역전을 주장하는 사람 중 아주 극소수지만 진짜 고수는 있다. 아예 모든 인생역전 사례를 하나로 묶어서 사기꾼이라거나 운 좋은 졸부 쯤으로 치부할 수는 없다. 문제는 이 진짜 고수는 정말로 극소수라는 점이다. 일시적 대박 유형과 사기꾼 유형 모두 겉으로는 진짜 고수와 구분하기 어렵다. 이들의 성공 방식은 복제가능하고, 지속가능하고, 증거와 근거가 충분하다. 이들에게는 무엇을 언제 사고팔아야 할지 '족집게 조언'을 구하기보다는 마인드와 원칙을 배우는 게 중요하다.

나는 평범한 사람이므로, 진짜 고수는커녕 일시적 대박이나 사기꾼 신세나 면하고 싶다. 당장에 대박보다는 안정적으로 투자하는 게 목표다. 시장수익률과 소소한 배당금을 받으며 상위 10% 쯤에 머무는 것도 괜찮다. 시간은 복리 효과를 극대화할 것이고, 주식투자에 쓰는 시간을 아껴서 본업에서 내 가치를 높이는 게 더 낫다고 생각한다.

주식투자 '열심히' 하지 마라

돈을 버는 세 가지 방법

현대사회에 돈을 버는 방법은 세 가지다. 첫째는 시간을 들여 돈을 버는 법, 둘째는 돈으로 돈을 버는 법, 셋째는 지식과 콘텐츠로 돈을 버는 법. 나같이 평범한 노동계층 집안에서 자란 사람은 시간을 들여 돈을 버는 방식이 익숙하다. 더러는 시간을 들여 돈을 버는 이외의 방식은 모두 나태와 도박이라고 가르치는 집도 있다.

주식투자는 돈으로 돈을 버는 방법이다. 혹자는 돈이 돈을 부르는 '불로소득(不勞所得, 노동 없이 벌어들인 소득)'은 비인간적이고 나태하며 탐욕적이라고 본다. 하지만 자본주의란 근본적으로 노동보다는

116

생산수단이 중요한 체제다. 주식투자의 불로소득을 비판하는 사람도 예·적금 이자, 연말정산 소득공제는 아무 죄책감 없이 받는다. 주식투자만을 나태한 불로소득이라고 볼 근거는 없다.

불로소득은 주식투자의 본질이다. 열심히 '로(勞)' 한다고 뭔가 이룰 수 있는 속성이 아니다. 주식투자를 근로소득을 대하듯 '열심히' 한다고 해서 주식투자로 돈을 벌지 못한다. 주식투자는 열심히 하는 게 아니다. 될 수밖에 없는 시스템을 만들어 놓고 기다리기만 하면 된다. 남는 시간에는 근로소득을 올리거나, 소중한 사람과 함께 하거나, 내적으로 충만한 여가생활을 즐기거나, 무언가 성찰하고 연구하면 된다. 주식에 시간을 쏟는 건 시간낭비다.

노력과 주식투자 수익의 상관관계

물론 아무리 불로소득이라지만 최소한의 시간과 노력은 필요하다. 주식투자는 완전한 불로는 아니다. 생각해보면 혼자서 수식 계좌 개설하고 매매 주문한다고 낑낑댔던 기억이 난다. 그리고 투자의 원칙을 세우기까지 책도 읽고 재무제표의 기본적인 지표들도 공부했다. 종목을 분석하고 선별하는 데에도 시간이 들고 이따금 경제·금융 뉴스와 각종 전망에 시선을 빼앗긴다.

요점은 근로소득과 달리 주식투자는 시간과 보상이 비례하지 않는다는 점이다. 일반적인 근로소득은 시간과 보상이 정비례한다. 노동시간을 많이 투입하면 그만큼 보상이 늘어난다. 야근을 하면 야근수당을 받고, 밤 새워서 무언가 만들면 그만큼 수당을 받는다. 투잡을 뛰면서 일하는 시간을 늘리면 소득이 증가한다. 나 역시 초과근무를 하면 초과근무수당을 받고, 블로그 글을 많이 쓰면 조회수와 광고수익이 늘어나고, 가끔 수당을 두둑이 챙겨주는 휴일 업무가 있으면 자진해서 일을 받는다. 시간을 투입해서 그에 비례하는 보상을 받기 위해서다.

주식투자는 이와 다르다. 시간과 보상이 거의 상관관계가 없다. 심지어 많은 경우 시간과 보상이 오히려 반비례 한다. 시간과 보상이 반비례한다는 말은 쉽게 말해 시간을 많이 들여 열심히 할수록 수익률이 더 낮아진다는 의미다. 계좌 개설, 종목 분석, 매매에 필요한 최소한의 시간만 투입한다면 그 이후에는 열심히 한 만큼 보상을 주지 않는다. 오히려 열심히 할수록 정보소음 속에 빠지고 시시때때 변하는 차트와 호가에 눈이 뒤집힌다. 열심히 정보를 찾아다닐수록 좋은 종목 가지고도 오래 보유하지 못하고, 함부로 바닥을 예단하고, 거품을 눈치 채지 못한다. 자신의 심리적 편향을 정당화할 근거만 찾아다니며 편향을 더 확고히 할 뿐이다.

앞에서 주식은 열심히 하는 게 아니라 될 수밖에 없는 시스템을 구축해두고 기다리는 거라고 했다. 이는 모든 투자가 마찬가지다. 시스템을 만든다는 건 어떤 소프트웨어, 알고리즘, 프로그램 따위를 개발

한다는 의미가 아니다. 통계적으로 꾸준히 수익을 올릴 수 있는 투자 원칙이다. 일반인이 주식으로 돈을 벌수밖에 없는 시스템이란 투자 원칙이다. 좋은 주식을 싸게 사서 오래 보유하라는 구태의연한 원칙이다. 실적, 재무상태, 현금흐름, 미래 확장 계획을 보며 좋은 주식을 선택하고, 하락기에 공포와 패닉을 이겨서 매수하고, 기다린다. 좋은 종목이라는 근거가 확실하고, 버블 고점에 들어간 게 아니라면 그 이상은 할 일이 없다.

오전 9시는 화장실 타임?

　오전 9시는 대부분 회사가 업무를 시작하는 시간이자, 국내 주식시장이 문을 여는 개장시간이다. 주식시장이 불타오를 때 많은 직장인들은 9시에 화장실로 간다. 그리고 변기에 앉아서 스마트폰을 꺼낸다. 증권사 앱을 켜서 주가와 자기 수익률을 확인한다. 그렇게 몇 분이고 앉아 있다가 나온다. 그동안 많은 생각을 한다. 주가가 오르면 기분이 좋으면서도 언제 팔아야 할지를 고민한다. 주가가 내리면 손절을 할지 기다릴지 물타기를 할지 고민한다. 주가가 폭락하는 날이면 옆 칸에서 한숨소리도 들린다.

　이 이야기는 주식시장이 뜨거워지던 시기 한 언론사가 보도한 한국

직장인의 일상 모습이다. 그 근거가 얼마나 과학적인지는 모르겠다. 다만 이런 직장인이 한둘이 아니란 점은 경험으로 충분히 알 수 있다. 많은 네티즌이 그 기사 내용에 공감했다. 자신이 그렇다거나, 직장동료가 그렇다며. 일은 안 하고 투자에 온 정신이 팔렸다면서.

실제로 주식시장에 붐이 일 때, 많은 동료들은 모든 정신이 주식으로 향한다. 모이면 모든 대화의 흐름이 주식으로 귀결한다. 그 주식 이야기도 대부분 기업의 내재가치보다는 외적이고 기술적인 부분에 한한다. 수급, 테마, 차트의 모양, 특정 이슈와 일정에만 관심을 갖는다. 그리고는 틈나는 대로 주가와 차트를 확인한다. 조금만 오르면 차익 실현을 고민하고, 조금만 내리면 손절을 고려한다. 누군가는 자랑하며 훈수를 두고, 누군가는 한숨을 쉬고 탄식한다.

사실 주식을 처음 시작할 때는 그런 마음이 드는 게 당연하다. 하지만 그게 습관이 되고, 그 방법이 그릇된 투자 방법이라고 인식조차 하지 못한다면 문제다. 무엇보다 문제는 본업에서 자신의 시장가치가 낮아진다는 점이다. 사람은 "집중해야겠다."라고 마음먹은 직후에 바로 집중하지 못한다. 실제 집중력이 적정 수준에 도달하는 데에는 10~15분의 시간이 걸린다. 일을 시작하고 10~15분은 예열시간이다. 그런데 15분 이내 간격으로 주가를 확인한다면 어떻게 될까? 사실상 집중력이 적정 수준 이상으로 올라가지 못한 채 하루를 보낸다.

나는 개장시간에 맞춰서 주가를 확인하지 않는다. 의도적으로 참는 것은 아니다. 오전 9시 전에 조금씩 예열을 하다 보면 9시가 한참 지나서 주가를 확인한다. 그때서야 집중력이 좀 떨어지고 휴식을 요하며 주식 생각이 난다. 주가를 확인하는 시간도 짧다. 업무가 많은 날에는 점심시간 쯤에나 한 번 확인한다. 그런 날은 주가 확인은커녕 출근 직후 타놓은 커피도 겨우 두 모금 홀짝이다가 점심을 먹으러 간다. 일이 좀 널널한 시기엔 주가 확인이 좀 더 잦고 길다. 하지만 그 시간에 잡아먹히진 않는다. 오히려 투자전략 구상은 퇴근 후에 집안일까지 끝내놓고 남는 시간에 한다. 그때 정리해둔 투자 아이디어는 다음 날 개장시간에 신속히 실행에 옮기고 바로 할 일을 한다.

이런 습관은 미국주식에 투자할 때 더 유용하다. 썸머타임을 적용하지 않는 기간에 미국의 주식시장 개장시간은 밤 11시 30분이다. 11시 30분이면 대체로 내가 잠을 자는 시간이다. 다음 날 출근이면 보통 밤 10시 30분에서 11시쯤에 잠자리에 든다. 그래서 주가는 다음 날 아침에 일어나서 폐장하고 나서야 확인한다.

일 잘하는 사람은 '일 생각 스위치'를 잘 켜고 끈다고 한다. 회사에서는 일에 집중하고, 퇴근 후에는 온전히 휴식을 취한다. 주식투자도 이와 같다. '주식 생각 스위치'를 잘 켜고 끄는 사람이 투자를 잘한다. 일에 집중해야 할 때는 주식 생각 스위치를 끄자. 주식 생각은 주로 퇴근 후에 개장하지 않은 시간에 하고, 주식에 필요한 행동은 아주 잠깐만 해도 충분하다. 주식투자로 돈을 버는 것도 중요하지만, 소중한 것을 잃지 않는 것도 중요하다.

나의 시장가치를 높여라

바보의 성장

나는 직장에서 바보였다. 분명 취업준비생일 때는 우등한 학생이었다. 그래서 남들보다 빨리 취업했다. 하지만 직장에 오니 내가 제일 바보였다. 심지어 동기들 중에서도 가장 열등했다. 일머리가 없었고, 세세한 부분을 자꾸 누락했다. 모르면 잘 물어보지도 않았다. 물어보지 않고 홀로 답을 찾던 독학 습관 때문이다. 상사나 동료가 뭘 알려주면 이해를 못해도 그냥 알겠다고 대답만 잘했다. 일 못하는 사람의 전형적인 특성은 거의 다 갖고 있었다.

물론 누구나 신입 때는 그런 시절이 있다. 1인분을 제대로 못해서 폐를 끼치고, 자존감이 바닥이 나는 때 말이다. 그걸 감안해도 나는 그 바보 신세에서 탈출하는 데 동기들보다 좀 더 오래 걸렸다. 직장에 다니면서 일 센스를 '자연스럽게' 배울 줄을 몰랐다.

그래서 좀 더 의도적인 학습을 가했다. 업무, 전문성, 인간관계, 기획을 주제로 한 유튜브 영상과 책을 봤다. 전공 공부는 시험이 아닌 일의 관점에서 공부했다. 조언을 구했고 냉철하게 나를 돌아봤다. 공부 능력과는 또 다른 일 능력을 키우기 위해 열심히 노력했다.

일에 적응하지 못할 때는 주식에 투자할 마음이 들지 않았다. 우선 내 할 일을 잘 수행해서 1인분을 해내는 게 최우선 과제였다. 부업이나 투자보다 우선 내 본업에서 시장가치를 증명해야 했다. 아직 본업에서 제대로 자리를 잡지 못 한 사람일수록 주식투자는 너무 몰두하지 않는 게 좋다. 본업은 내팽개치고 부업이나 투자에만 몰입하는 모습은 남들 보기에도 좋지 않다. 또 본업을 등한시하면 장기적으로 봤을 때 돈을 모으는 데 더 불리하다. 무엇보다 본업에서 자리를 잡지 못하는 삶은 결코 어떤 만족감이나 성취감을 주지 못한다.

'남'이 아닌 '나'를 위해 재테크보다 본업에 집중하라

신입이라면 일단 직장에 적응하고 업무를 배우는 게 먼저다. 재테크나 부업은 그 후의 문제다. 일 못하는 사람이 입으로만 자기계발하고 부업하고 재테크를 한다면 오히려 평판에 더욱 해롭다. 이런 사람에게 자기계발, 부업, 재테크는 그저 말뿐인 회피와 포장에 불과하다. 나는 이런 유형의 자기계발을 '회피성 자기계발'이라고 한다. 진짜 해야 할 일에서 도망치기 위한 자기계발이다. 회피성 자기계발은 당장에 성과가 없어도 지금 무언가 하고 있다는 '티'를 내기 딱 좋다.

일 못하는 사람이 친 사고는 동료들에게 고스란히 피해가 된다. 자기 돈만 굴리는 데 열중해서 다른 사람의 일을 꼬이게 하고 고객을 떠나게 한다. 본업은 경시하고 투자만 열심히 하는 건 그저 본업에서의 무능을 회피하는 데 지나지 않는다. 본업에 먼저 집중해야 할 이유가 단지 남을 위해서는 아니다. 피해를 끼치지 않기 위해서나 남들에게 안 좋게 보이기 때문만이 아니다. 본업에 집중하는 게 그 누구보다 자기 자신에게 가장 이롭다.

자산과 소득 측면에서 봐도 결국 신입 때는 재테크보다 본업에 집중하는 게 이득이다. 학생이나 취업준비생이라면 재테크로 푼돈을 버는 것보다 하루라도 빨리 취업해서 소득을 만들어내는 게 낫다. 투자금액이 웬만큼 큰 규모가 아닌 이상 직장생활 초기에는 투자수익보다 월급이 더 많을 수밖에 없다. 본업에서 자신의 시장가치를 높여서 투자에 쓸 안정적인 종잣돈을 만드는 게 우선이다.

무엇보다 재테크에서 아무리 성공한들, 직장에서 무시당하는 게 정말 행복할까? 여전히 나는 주식투자는 너무도 쉽게 하지만, 본업에서 맡은 일을 착실히 수행하는 게 더 버겁다. 그래도 최소한 바보 신세는 탈출했기에 적어도 일과시간이 고통스럽진 않다. 일하는 오전 9시부터 저녁 6시까지 무시당하고 스스로 떳떳하지 못한데, 작은 종잣돈으로 큰 수익률을 내봤자 무슨 소용이 있을까? 경제적 자유는 우선 본업에서 성공한 이후에, 본업에서 번 돈을 굴려서 만드는 거다. 주식투자만으로 부자가 된 사람은 거의 없다.

재테크에만 매몰되지 마라

투자 하나만 볼 게 아니라 나를 둘러싼 총체적인 돈의 흐름을 봐야 한다. 일로 번 돈 일부는 자기 자신의 역량개발에 써서 본업에서의 시장가치를 높인다. 이는 자기 자신에게 하는 투자다. 또 다른 일부는 투자로 굴리되, 현금비중은 충분히 확보해 둔다. 투자 수익금 일부는 또 다시 자기계발이나 투자에 사용한다. 자신과 자산 모두 투자하는 순환구조다. 이 순환구조를 만드는 게 우선이다. 근로소득과 자기 시장가치를 높이는 과정이 이 순환구조의 첫 시작이다(상속받을 재산이 엄청난 금수저가 아닌 이상).

절약, 투자, 부업에는 역설이 있다. 열심히 하면 단기적으로 추가소득을 올릴 수 있지만, 본업을 소홀히 하면서까지 전념해버리면 본업에서 내 시장가치가 떨어진다. 본업에서 시장가치가 떨어진다는 말은 쉽게 말해 내 연봉이 줄어들거나 남들보다 더디게 오른다는 말이다.

　그래서 여윳돈은 주식뿐 아니라 자신을 위한 투자도 함께 병행해야 한다. 업무의 데드라인을 준수하고, 콘텐츠와 성과를 만들어내고, 문제를 규명하고, 문제를 해결하며, 성과를 적절한 방법으로 표현하고, 동료와 좋은 관계를 맺고, 관련 지식을 쌓고, 일과 공부를 위한 건강을 증진하는 이 모든 게 자신의 시장가치를 높이는 일이다. 주식투자에 빠져 이 점을 결코 소홀히 하지 말자.

　내가 직접 읽고 도움이 된 책들만 몇 권 소개한다. 더 좋은 책도 많을 것이다. 내 직업이나 전공과 직접 연관된 책은 여기서 제외했다. 자기 전공분야와 인접학문을 다룬 양서만 20권 이상 읽어도 눈에 띄게 큰 성장을 이룩할 수 있다.

　나에겐 좋은 책이 누군가에겐 별 감흥이 없을지도 모른다. 한 예로 데일 카네기의 〈인간관계론〉은 나에게 큰 가르침을 주었다. 내 인간관계 기술이 상당히 하찮았기 때문이다. 반면 어떤 사람은 이 책이 너무 당연한 말만 하고 있다고 평하기도 한다. 또 어떤 사람은 로버트 그린의 〈유혹의 기술〉에서 많은 영감을 얻었다고 하지만, 나에게는 달랐다. 추천 책을 맹목적으로 읽기보다는 책의 제목, 저자, 목차를 차근차근 훑어보면 자신에게 맞는 책을 찾기 수월하다.

1. 인간관계와 심리
인간관계론(데일 카네기)
인간본성의 법칙(로버트 그린)
인물지(박찬철, 공원국)
선한 권력의 탄생(대커 켈트너)
바른 마음(조너선 하이트)

2. 업무 센스와 소통
일 잘하는 사람은 단순하게 합니다(박소연)
일 잘하는 사람은 단순하게 말합니다(박소연)
일하는 방법을 제대로 배운 건 처음입니다(미즈노 마나부)
기획의 고수는 관점이 다르다(박경수)
횡설수설하지 않고 정확하게 설명하는 법(고구레 다이치)

3. 일과 마음가짐
일의 철학(빌 버넷, 데이브 에번스)
일의 감각(로저 니본)
일과 영성(팀 켈러) : 기독교인에게만 추천한다
초집중(니르 이얄)
초생산성(마이클 하얏트)

4. 시간 관리와 습관
단순함이 너의 모든 것을 바꾼다(리오 바바우타)
습관의 힘(찰스 두히그)
아주 작은 습관의 힘(제임스 클리어)
메이크 타임(제이크 냅)

제5장

좋은 주식을
싸게 사서 비싸게 파는 법

좋은 섹터, 좋은 기업, 좋은 주식

이제 좀 더 실질적인 조언을 여러분께 드리고자 한다. 편안하게 주식투자할 수 있는 실천 사항이다. 지금까지는 주식을 대하는 태도와 마음가짐을 다루었다. 이제부터는 그 태도를 기반으로 구체적인 지침서다. 종목 선택, 포트폴리오 구성, 매수, 매도 과정에서 이 지침을 지킨다면 주식투자를 하는 동안에도 주식 때문에 밤에 잠을 못 자고, 부부싸움을 하고, 파산하고, 본업에서 시장가치가 떨어지는 일은 없을 것이다. 이 장에서는 아래의 질문에 답을 찾아가는 시간이다.

첫째, 어떤 업종/종목에 투자할 것인가?
둘째, 어느 정도의 비중을 둘 것인가?

셋째, 언제 살 것인가?

넷째, 언제 팔 것인가?

사실상 이 네 질문은 주식투자의 핵심이고 본질이다. 이 네 가지 차원에서 명확한 원칙을 가지고 실천한다면 불면증, 부부싸움, 패가망신은 면한다.

1970년대의 에너지주, 1999년의 IT주, 2007년의 금융주, 2010년대 후반의 바이오주, 2020년의 AI, 플랫폼, 메타버스, 미래차, 2차전지 관련주. 이처럼 미래 전망이 밝은 분야라서 투자했는데, 수익을 보지 못하는 사람들이 많다. 미래성장산업에 실패하는 이유는 '좋은 섹터(업종)' 중에서 '나쁜 주식'에 투자했기 때문이다.

몇몇 미래성장산업 투자자들은 '좋은 섹터(업종) = 좋은 기업 = 좋은 주식'이라고 생각하며 이 셋을 구분하지 못한다. 많은 사람들이 투자에서 실패하는 흔한 이유다. 좋은 섹터라고 좋은 기업이 아니고, 좋은 기업이라고 좋은 주식이 아니다. 이 개념을 이해하자. 좋은 섹터가 아닌 좋은 기업, 좋은 기업이 아닌 좋은 주식을 고른다면 더 높은 수익을 낼 수 있다.

좋은 섹터 ≠ 좋은 기업 ≠ 좋은 주식

'좋은 섹터'에 투자하고도 돈을 잃는 이유

좋은 섹터 또는 업종을 고르기는 쉽다. 그러나 좋은 기업이나 좋은 주식을 찾기는 그리 쉽지 않다. 아니, 사실 절차가 어렵진 않다. 느긋한 마음과 단순한 투자 철학을 가지고 재무제표와 사업보고서를 대략이나마 훑어보기만 해도 충분하다. 이 과정이 어렵게 느껴지는 이유는 공부 자체에 거부감을 느끼기 때문이다. 혹은 무엇을 어떻게 공부해야 할지 가이드라인이 없기 때문이다.

우선 좋은 섹터, 좋은 기업, 좋은 주식 이 세 낱말의 차이를 알면 무엇을 공부할지 조금은 감이 잡힐 것이다. 주식에서 섹터(sector)란 정치 테마, 신기술, IT와 바이오 섹터 등 특정 업종이나 테마라고 보면 된다. '좋은 섹터'란 미래 사회를 견인할 '미래성장산업' 분야나 정책이나 정치적, 사회적 상황에 따라 수혜를 입을 것으로 예상되는 섹터이다.

2022년을 기준으로 IT기술, 제약/바이오, 미래차(전기차, 수소차, 자율주행차 등), 플랫폼 분야가 미래성장산업을 대표한다. 향후 미래의 일상 곳곳에 깊숙이 침투하여 독점적인 시장 지위를 가질 것이라 예상한다. 금리인상을 앞두고는 금융주가, 대선을 앞두고는 각종 정치 테마주나 정책 수혜주 등이 주목 받기도 한다. 코로나 확산 상황에 따라 코로나 관련주나 코로나 피해업종이 수혜를 입기도 한다. 초보 투자자들은 이런 좋은 섹터의 '관련주'라는 말에 곧바로 투자금을 쏟아붓는다.

반면 '한물간 기업'이나 '사양산업'으로 보이는 섹터는 소외당하기 일쑤다. 기초소재, 오프라인 유통, 건축, 일반 소비재 섹터는 흔히 외면받는다. 이른바 '나쁜 섹터'다.

좋은 섹터 : 미래성장산업, 수혜주
나쁜 섹터 : 한 물 간 기업, 사양산업

'좋은 섹터' 중에서도 '좋은 기업'을 골라라

'좋은 기업'이란 건전한 재무상태, 안정적이고 높은 실적을 내는 기업이다. 더불어 투자자의 가치관에 따라서는 CEO가 애국자이거나, 환경친화적이거나, 노동친화적이거나, 주주친화적이거나, 윤리적인 기업이 좋은 기업일 수도 있다. 가령 윤리적 기준이 엄격한 투자자는 게임, 담배, 주류, 화석연료 업종(흔히 '죄악주(sin stocks)'라고도 한다)이나 노동착취 기업은 투자하지 않는다.

좋은 섹터에만 투자한다고 반드시 돈을 버는 것은 아니다. 좋은 섹터 안에서도 시장경쟁에서 우위를 점하는 기업이 있고, 경쟁에서 도태하는 기업이 있다. 아무리 정치사회적인 수혜를 입거나 섹터 자체가 첨단기술을 다뤄도, 기업이 실적을 내지 못하거나 재무상태가 불량하면 돈을 잃을 가능성이 크다. 이런 기업은 '좋은 섹터 + 나쁜 기업'이다. 섹터는 좋은데 기업가치는 불량한 기업의 주가는 장기적으로 하락할 가능성이 높다.

'좋은 섹터 + 나쁜 기업'의 대표적인 사례는 2020년의 '니콜라'다. 미래차 섹터에서 수소차 관련 기술을 보유했다고 알려졌던 니콜라는 큰 기대감으로 주가가 크게 치솟았다. 그러나 사실 기술을 제대로 갖추지 못했다는 의혹이 일면서 주가가 크게 하락했다. 니콜라 상장 초기에 미래차, 수소차라는 섹터만 보고 니콜라에 투자한 사람들은 현재 크게 돈을 잃은 상태이다. 게다가 여전히 기술사기 의혹이 말끔히 해결되지 않아서 주가가 언제 다시 회복할지 기약이 없다(2022년 중순 기준).

국내주식에서는 '한국전자금융'도 비슷한 사례다. '키오스크 관련주'는 최저임금 상승과 코로나19로 인한 비대면 수혜 속에서 큰 관심을 모았다. 각 점포에서 키오스크 기기는 눈에 띄게 증가했다. 키오스크는 2019~2021년 당시 '좋은 섹터'였다. 그리고 이 키오스크 관련주 중 한국전자금융이 자주 언급되었다. 사업부문별 매출을 볼 때 키오스크 관련 매출 비중이 높았기 때문이다. 하지만 한국전자금융은 코로나19 확산에 따른 비대면 수혜 속에서도 주가가 오르지 않았다.

키오스크 시장에서 점유율이 높지 않았고, 키오스크 자체가 기술장벽이 낮았다. 한국전자금융은 영업이익률, 순이익률, ROE도 낮았다. 현금성 자산은 적었고 부채는 많았다. 키오스크 관련주라는 이유만으로 반짝 주가가 오르고 고평가되어 PER만 높았다. 2021년 3월부터 반 토막 난 증시는 가파르게 반등했지만, 한국전자금융은 이 책을 쓰는 지금까지 완만한 하락세를 이어오고 있다.

'좋은 섹터 + 나쁜 기업'은 기대감만으로 들어왔다가 고점에 물리기 딱 좋은 투자대상이다. ① 해당 섹터 관련 기술이나 영업력을 확실히 보유하고 있는지, ② 재무상태는 건전한지, ③ 실제 실적이 잘 나오는지를 확인하지 않으면 아무리 섹터가 좋아도 불량한 기업에 투자할 수 있다.

좋은 기업 : 기술, 영업능력, 재무상태, 실적이 좋은 기업
나쁜 기업 : 기술, 영업능력, 재무상태, 실적이 나쁜 기업

섹터와 기업이 아무리 좋아도 비싸면 '나쁜 주식'이다

'좋은 주식'은 좋은 기업과 또 다르다. 기업가치 대비 저평가된 주가와 턴어라운드(turnaround) 기업이 이에 해당한다. 턴어라운드 기업이란 지금까지 실적이 안 좋았다가 곧 실적이 크게 개선되는 기업을 말한다. 피터 린치의 「전설로 떠나는 월가의 영웅」 한국어판에서는 '회생주'라고 번역하기도 한다.

섹터도 좋고 기업도 좋다면 주가가 얼마든 상관없이 매수해도 되는

가? 그렇지 않다. 아무리 좋은 기업이라도 비싼 가격에 사면 '나쁜 주식'이다. 이런 종목을 '좋은 기업 + 나쁜 주식'이라고 하자. 좋은 기업 + 나쁜 주식은 당장 투자하지 않고, 주가가 고평가되는 시기가 끝나길 기다려야 한다. 100만 원짜리 다이아몬드를 1억 원에 사는 격이라고나 할까. '좋은 기업 + 나쁜 주식'은 가급적 매수하지 않는 것이 좋다.

반대로 '나쁜 기업 + 좋은 주식'은 매수해도 좋다. 재무상태와 최근 실적 추세가 좋지 않아서 주가가 저평가된 기업들이 있다. 이 중에서 실적이나 조직 구조가 급격히 바뀌는 '턴 어라운드 기업'은 향후 높은 수익을 가져다 줄 것이다. 아무리 좋은 기업이라도 싸게 사야 좋은 주식이다. 따라서 섹터, 업황, 실적, 재무상태뿐 아니라 PER, PBR 등으로 너무 비싼 주식은 어느 정도 걸러서 투자하는 게 좋다.

내가 2020년부터 지켜봐 온 테슬라에 투자하기를 망설였던 이유가 이것이다. 테슬라는 미래차 산업의 대표주자이긴 하지만, 투자 대상으로 고려할 당시 PER은 600 이상이었다. 주가가 매우 비싼 편이다. 한 때는 PER이 1,000을 넘었다. 실적의 상당 부분은 차량 판매가 아니라 탄소배출권 판매에서 온다는 점도 투자를 망설이는 이유 중 하나다. 테슬라가 좋은 기업일지도 확실하지 않고, 설령 좋은 기업이라고 하더라도 좋은 주식이라고 보기 어려운 상태라고 생각했다.

좋은 주식 : 주가가 저평가된 기업의 주식

나쁜 주식 : 주가가 너무 고평가된 기업의 주식

어떤 종목을 골라야 하는가?

좋은 섹터에 속하면서 좋은 기업이자 좋은 주식은 찾기가 거의 불가능하다. 섹터와 기업이 좋으면 으레 주가가 높기 마련이다. 그래서 나의 전략은 크게 2가지다. 첫째, 좋은 섹터에 투자할 때는 PER과 PBR이 너무 높은 기업은 제외한다. 즉 '좋은 섹터 + 좋은 기업 + 너무 나쁜 주식'은 투자 대상에서 일단 제외한다. 이 기준에 따라 국내 바이오주 대부분과 테슬라는 투자 대상으로 삼지 않았다.

둘째, 저평가된 기업 또는 턴어라운드가 예상되는 기업을 탐색해본다. 즉 '나쁜 기업 + 좋은 주식'을 찾는다. 섹터는 좋아도 되고 안 좋아도 된다. 물론 쉽지는 않다. 턴 어라운드 기업을 찾는 것은 어느 정도 운과 직관이 필요하다. 정량적으로 턴 어라운드 기업을 찾을 수 있다면 더 이상 주가가 낮지 않을 것이다. 대부분 주가가 낮은 기업에는 주가가 낮은 이유가 있다. 소외주는 영원히 소외되기도 하고, 한 번 기울어진 추세를 다시 뒤집긴 힘들다.

주식으로 쉽게 돈을 벌 수 있는 '단 하나의 성공 공식' 같은 것은 없다. 비싸게 사지 않는 게 중요하다는 불변의 원칙만 하나 있을 뿐이다. 운과 예측불가능성을 인정하면서, 최대한 합리적 투자를 하는 게 중요하다.

투자 대상을 선별하는 2단계 절차

'선별'과 '결정'의 차이

투자 대상을 고를 때는 크게 선별(screening)과 결정(decision)의 과정을 거친다. 선별은 많은 투자 대상 후보군을 폭넓게 그리고 가볍게 훑어보는 과정이다. 선별 과정을 통과했다고 바로 투자하진 않는다. 선별된 투자 후보 중에서 또 여러 기준으로 투자하지 않을 기업을 걸러낸다. 사업모델, 재무제표, 밸류에이션(기업 가치 대비 주가가 고평가/저평가된 정도) 등을 심층적으로 분석한다. 이렇게 1차, 2차, N차 관문을 거쳐 최종적으로 투자 여부를 '결정'한다.

많은 투자자들이 선별 수준의 야트막한 훑어봄과 직감만으로 투자 여부를 결정해버린다. 근거가 부실하니 줄기가 흔들리고 이파리가 메마른다. 이번 장에서는 선별과 최종 결정이 각각 어떤 과정과 내용을 담고 있는지 살펴보자.

1. 선별(1차 필터)

선별 단계에서는 투자 대상으로 고려할 후보를 폭넓게 골라낸다. 아직 본격적으로 분석하기 전 단계이다. 투자 대상을 1차로 추리는 작업이다. 방법은 간단하다. 다음 중 어느 1가지에 해당해서 내 레이더망에 걸리면 되는 거다.

믿을만한 누군가가 추천해 준 기업

뉴스에 자주 오르내리는 기업

우연히 눈에 띄게 된 기업

내 경험상 브랜드 이미지나 제품/서비스 질이 좋은 기업

제품/서비스가 대중에게 인기를 모으는 기업

미래 유망한 기술을 보유하거나 취급하는 기업

특정 재무 관련 비율이 눈에 띄게 이상적인 기업(배당, 재무, PER 등)

내가 잘 알고 관심 있는 업종이나 브랜드, 기업

기타 '좋은 기업일 것 같은' 느낌이나 경험

주의해야 할 점이 있다. 이 선별만으로 바로 투자 여부를 결정해선 안 된다. 다음 분석과 결정 단계를 거쳐야 한다. 많은 투자자가 이 분석과 결정 단계를 거치지 않아서 돈을 잃는다.

2. 분석과 결정(2차, N차 필터)

선별로 끝나면 투자의 근거가 부실하다. '좋을 것 같은' 종목을 골랐으면, 그 다음은 '진짜 좋은' 종목을 그 중에서 찾아야 한다. 본격적인 분석의 과정을 통해서 말이다. '결정'은 투자 가치를 종합적, 심층적으로 분석해서 최종 투자 여부 판단까지 이르는 과정이다. 결정에 앞서 다음과 같은 점을 분석해야 한다.

사업부문의 내용과 사업부문별 매출 비중
자산과 부채, 재무건전성 등 재무상태
미래를 대비한 '비전 – 계획 – 투자'의 일관성과 합리성
경쟁사 및 고객사와의 관계
밸류에이션과 수익성
CEO의 자질과 전문성, 평판

생산원가나 영업비용의 효율성

산업 전반에 대한 이해(경쟁 현황, 점유율, 흐름 등)

기타 재무상태, 성장성, 경쟁력 등에 관한 양적/질적 정보를 종합적으로 분석

많은 개인투자자들이 '선별' 단계만 거치고 별다른 분석 없이 투자를 '결정'한다. 단편적인 정보에만 빠져 섣불리 판단한다. 누군가의 추천을 받을 수도 있고, 특정 지표가 눈에 띌 수도 있고, 일부 제품이 너무 맘에 들 수도 있다.

그러나 그게 투자를 결정하는 유일하거나 결정적 요소여선 곤란하다. 결정은 종합적, 심층적으로 이루어져야 한다. 여기서 심층적이라는 게 꼭 전문가 수준일 필요는 없다. 기본적인 지표 몇 개만 알고, 최소한 어떻게 돈을 버는 기업인지 정도는 이해해야 한다. 대부분의 사람들이 그 기본적인 필터조차 거치지 않아서 실패한다. 90%가 그런 기본적인 분석조차 하지 않는다. 그러니 기본만 해도 상위 10% 안에 든다.

이런 과정을 거쳐서 2022년 상반기 스타벅스에 투자하기로 결정할 수 있다. 예를 들어 스타벅스 커피가 맛있거나 그 브랜드가 좋다고 느꼈다면, 스타벅스를 투자 대상 후보로 선별할 수 있다. 또는 스타벅스가 매분기 지급하는 배당금에 관심을 가질 수도 있다. 이렇게 투자 대상 후보로 선별된 스타벅스는 이제 분석의 과정을 거쳐야 한다. 2022년 상반기를 기준으로 ① 주가가 많이 떨어져서 PER이 적정 수준으

로 떨어졌다는 점, ② 원두 가격이 상승한 점은 위협요인이지만, 스타
벅스는 가격결정력이 있어 상품가격 상승여력이 있다는 점, ③ 러시
아에서 사업을 철수했지만, 전체 매출에서 차지하는 비중은 적다는
점, ④ 매년 꾸준히 배당금을 인상해 왔다는 점 등을 들어 최종 투자
대상으로 선정할 수 있다(종목 추천이 아니라 하나의 사례를 제시하
는 것이니 주의하자).

재무제표 분석의 기본기

재무제표는 자본주의 사회의 핵심 텍스트

코딩은 IT와 4차산업혁명 시대의 언어이고, 영어는 글로벌 시대의 언어이고, 재무제표는 자본주의의 언어이다. 코딩, 영어, 재무제표 셋 다 모르는 난 현대 사회의 3대 까막눈이다. 이렇게 말하는 나라고 이 세 언어에 통달하진 않았다. 코딩은 전혀 모르고, 영어는 기본이나마 겨우 하는 수준이다. 그나마 이 책에서 주식투자자 관점에서 알아야 할 재무제표의 포인트만 몇 개 나누고자 한다.

재무제표 까막눈은 기업의 현황을 알 수가 없다. 그저 특정 테마, 몇몇 주력 상품, 인지도와 소문, 주관적인 선호도, 겉으로 드러나는 CEO의 이미지 같은 주먹구구식 모호한 기준으로 기업의 투자가치를 판단한다. 기업은 이익을 창출하는 주체이다. 돈이 드나들고 흐르고 머무는 것은 재무제표에 다 드러난다.

처음 전자공시사이트에서 재무제표를 보면 낯선 회계용어와 흩날리는 숫자 속에서 정신이 혼미해진다. 수많은 지표가 있지만, 그 중에서도 가장 우선적으로 봐야 할 것들을 알아보자. 최소한 이 6가지 포인트만 이해해도, 아예 모르던 시절보다 훨씬 많은 것이 눈에 보일 것이다.

첫째, 매출액은 기업이 돌아가는 기본 동력이다.

매출액은 제품, 상품, 서비스 등을 팔아서 번 돈을 말한다. 분식집에서 3,000원짜리 라면을 두 그릇 팔았다면 매출액은 6,000원이다. 매출액의 추이에서 다음과 같은 흐름을 읽어보자. 어떤 사업부문 또는 제품군에서 매출이 주로 나오는가? 매출액이 꾸준히 증가하는가? 매출액 추이가 안정적인가? 향후 매출액 증가를 확신할 수 있는가?

비용 절감, 배당금 지급, 유통을 잘하는 기업도 투자하기 좋다. 그러나 기본적으로 제품이 팔리지 않으면 기업은 돌아가지 않는다. 매출액이 높다고 무조건 좋은 투자대상은 아니지만, 매출이 발생하지 않는 기업은 우선 걸러야 한다.

매출액 추이로 투자하기 좋은 기업을 선별할 수 있다. ① 지금까지 매출액이 꾸준히 증가해 왔거나 ② 안정적인 모습을 보였거나, ③ 향후 장기적으로 매출 증가가 확실한 기업이 투자에 적절하다. 앞의 첫 번째, 두 번째 항목은 매출액의 '안정성', 세 번째 항목은 매출의 '성장성' 또는 '잠재력'이라고 한다.

　주식투자 수익의 두 가지 줄기 중에서 시세차익을 노린다면 매출의 성장성과 잠재력이 높은 성장주를 택하는 게 좋다. 단순히 어떤 첨단기술을 취급한다는 사실만으로 투자하지 않고, 매출이 뒷받침되는 기업을 골라야 한다. 시세차익이 아닌 배당을 통한 현금흐름을 목표로 할 수도 있다. 그렇다면 매출의 성장성보다는 안정성을 중심으로 기업을 선별해야 한다. 매출을 예측하기 쉬워야 배당금을 꾸준히 안정적으로 지급할 수 있기 때문이다.

　둘째, 영업이익률, 판매비와 관리비를 확인하자.

　매출액이 높은 기업이라도 영업비용을 너무 많이 지출하는 기업도 있다. 아무리 제품을 많이 팔아도 비용이 많으면 적자다. 열심히 장사해도 남는 돈이 없다. 영업이익은 '남는 장사'를 하는지 알 수 있는 지표다. 영업이익이란 매출액에서 매출원가와 판매비, 관리비 등을 제외한 값이다. 매출원가는 말 그대로 재료값을 합친 원래 가격을 말한다. 판매비와 관리비는 합쳐서 '판관비'라고도 한다. 판관비는 영업비용으로 배송비, 거래 및 판매 수수료, 광고비, 인건비, 접대비, 임차료 등 영업에 필요한 비용을 포함한다.

매출원가와 영업비용을 제외하고도 돈이 남는 흑자 기업에 투자하는 건 투자의 기본이다. 혹은 지금은 영업이익이 적자여도 향후 흑자로 전환될 기업에 투자해도 좋다. 전자보다는 후자 쪽이 더 큰 수익을 거두기도 한다. 많은 투자자가 2021년 만년 영업이익 적자인 쿠팡에 투자했던 이유도 향후 영업이익이 흑자로 전환할 거라는 기대감 때문이었다. 아쉽게도 2022년 현재는 쿠팡 영업이익은 여전히 적자이다. 주가는 −70%나 하락했다. 흑자전환을 하고 매출의 성장성을 확보한다면 앞으로 오를지도 모르겠다.

영업이익을 볼 때는 다음과 같은 질문을 던진다. ①영업이익률은 비슷한 업종의 다른 기업보다 높은가? ②판매비와 관리비 규모는 적정한가? ③판매비와 관리비가 향후 매출 증가에 기여하는가?

영업이익률이란 총 매출액에서 영업이익이 차지하는 비중(%)을 말한다. 애플의 영업이익률은 약 34%인데 이 말은 100만 원짜리 스마트폰이 팔리면, 판관비를 제외하고 남아서 버는 돈이 34만 원이란 말이다. 판관비는 판매비와 관리비로 '연구개발비(R&D)'도 여기에 포함된다. 판관비를 적절히 잘 운용하면 미래 매출 증가로 이어진다. 연구개발비를 잘 운용해서 경쟁력 있는 신제품을 출시하고, 효과적인 마케팅으로 제품 판매량을 늘리는 식으로 말이다.

그러나 판관비를 비효율적으로 운용하면 매출 증가로 이어지지 않을 수 있다. 광고, 프로모션 행사, 연구개발을 얼마나 하는지만 보지 말고 그게 실제 매출 증가에 효과적인지를 평가해보자. 판관비를 줄여서 영업이익률은 늘렸더라도, 판관비를 줄여서 향후 매출 감소가 우려된다면 투자하지 않는 게 좋다.

기업 규모에 비해 판관비를 너무 많이 지출하거나 매출이 적어서 영업이익 적자가 큰 기업은 투자하기 위험하다. 영업이익 적자 기업은 기본적으로 '남는 장사'가 아니므로 리스크가 크다. 물론 현재 영업이익률이 산업평균에 비해 낮더라도, 향후 영업이익 개선이 가능하다면 투자해도 좋다. 2019년 12월에 이마트 주가가 크게 반등했는데 이는 당시 영업비용 효율화로 영업이익 적자를 단기간에 벗어났기 때문이다.

셋째, 부채비율, 당좌비율, 유보율로 망해가는 기업을 걸러라

부채비율은 순자산 대비 부채의 규모를 말한다. 기업의 자산은 순자산(자기자본)과 부채(타인자본)로 나뉜다. 부채는 흔히 생각하는 빚, 대출이라고 보면 된다. 부채비율이 100%라면 순자산이 100일 때, 부채도 100이란 뜻이다. 부채비율이 50%라면 순자산이 100일 때 부채가 50 정도 된다는 뜻이다. 부채비율이 낮다고 무조건 좋은 상태는 아니다. 기업은 적절히 부채를 끌어와서 투자도 하고 영업 촉진도 할 필요가 있다. 부채비율이 너무 높다고 무조건 안 좋은 것도 아니다. 부채가 많아도 충분히 상환할 수 있고, 그 부채를 잘 굴려서 이익을 창출한다면 '좋은 부채'다.

예를 들어 애플은 부채비율이 높은 편이다. 이 책을 쓰는 분기를 기준으로 부채비율은 약 180%다. 순자산보다 부채가 1.8배가 더 많다. 언뜻 보면 부채가 너무 많아서 걱정이다. 하지만 애플은 신용등급이 높다. 재무제표의 손익계산서를 보면 부채로 인한 이자 비용이 기업의 실적을 갉아먹지도 않는다. 영업이익률도 높고, ROE(뒤에서 설명하겠다)도 높아서 부채를 잘 굴리고 있다. 이런 기업은 부채가 많다는 이유만으로 투자를 꺼릴 이유는 없다.

유보율은 이익잉여금과 자본이익금을 자본납입금으로 나눈 돈이다. 쉽게 말해 기업이 동원할 수 있는 자금력, 즉 비상금 같은 개념이다. 부채가 높은 상태에서 유보율까지 낮은 기업은 부실기업이다. 반면 부채가 높아도 향후 기업 성장성이 높아서 충분히 갚을 수 있고, 유보율이 높아 비상시 상환을 못할 위험은 적은 기업에는 투자해도 괜찮다.

당좌비율은 유동부채에 비해 당좌자산이 얼마나 많은지를 나타내는 지표다. 유동부채란 1년 내에 갚아야 할 부채다. 당좌자산은 1년 내 현금화가 가능한 자산으로 현금성 자산, 단기금융상품, 매출채권 등을 포함한다. 당좌비율이 1이란 말은 1년 현금화할 수 있는 자산과 1년 내 갚아야 할 부채의 규모가 같다는 걸 의미한다. 당좌비율이 1 미만이라면 현금화가 가능한 자산으로 단기부채를 갚기 어렵단 말이고, 당좌비율이 1 이상이라면 지금 가진 당좌자산만으로도 충분히 1년 내 상환해야 할 부채를 처리할 수 있단 말이다.

당좌비율이 무조건 높다고 해서 좋은 건 아니다. 적절한 투자나 주주배당 없이 현금만 쌓아두는 기업이란 뜻이기 때문이다. 투자 성향에 따라 다르지만 나는 당좌비율이 0.5 미만으로 너무 낮거나, 2 이상으로 너무 높은 기업은 가급적 투자하지 않는다.

넷째, PER(주가수익비율)과 PBR(주가순자산비율)은 밸류에이션의 기본이다.

이 두 지표는 최근 순이익이나 순자산 대비 주가가 높은 정도를 나타낸다. 즉, 주가가 얼마나 저평가, 고평가되었는지를 알 수 있다. PER('퍼'라고도 읽고, '피이알'이라고도 읽는다. 개인적으로 나는 피이알이라고 읽는다)이 높다는 말은 기업의 순이익 대비 주가가 높다는 뜻이다. 바꿔 말하면 투자자들이 향후 순이익 증가를 강력히 기대한다는 말이다. 영업이익 또는 순이익 증가할 가능성이 없는 상태에서 높은 PER을 기록하는 기업은 투자에 유의해야 한다. PBR은 기업이 가진 순지산 대비 주가가 높은 정도이다. PBR이 높다는 것 역시 기업의 자산규모에 비해 주식시장이 기대감이 크다는 말이다. PER과 PBR이 지나치게 높은 기업은 거품일 가능성이 높다.

PER과 PBR을 볼 때 다음과 같은 물음을 던져보자. 첫째. PER과 PBR이 적절한 수준만큼 낮은가? 기본적으로 마음 편한 투자를 위해 지나치게 PER이나 PBR이 높은 기업은 피하는 게 좋다. 주식이 비싸다는 말이다. 아무리 좋은 기업이라도 주가가 쌀 때 사야 좋은 주식이다. 둘째, PER은 높은데 PBR만 낮지 않은가? 다만 PBR이 낮다고 해서 무조건 안 좋은 기업은 아니다. 자산운용을 비효율적으로 하면 PBR은 낮은데, 순이익이 나오지 않는 상황이 발생한다. 저PBR + 고PER + 저ROE인 기업은 주의할 필요가 있다.

다섯째, ROE(자기자본이익률)와 ROA(총자산이익률)를 확인하라.

ROE와 ROA는 기업이 가진 자본 대비 얼마나 많은 이익을 낼 수 있는 정도를 나타내는 지표다. ROE와 ROA를 보며 이런 질문을 던져야 한다. ① ROE와 ROA가 산업 평균 이상인가? ② 자본과 부채를 효율적으로 운용하여 이익을 내는가? 이 질문에 답하면 얼마나 효율적으로 자산을 실적으로 연결시키는 기업인지 알 수 있다.

ROE는 기업의 부채를 제외한 자산 규모에 비해 얼마나 많은 이익을 낼 수 있는지를 나타내는 지표이다. ROA는 부채를 포함한 자산규모에 비해 얼마나 많은 이익을 낼 수 있는지를 나타낸다.

자기 자본 규모에 비해 높은 수익을 내는 기업은 ROE가 높다. 가진 자본은 많은데 그 자본을 이익으로 연결하지 못하면 ROE가 낮다. 부채를 잘 활용해서 이익을 내는 기업은 ROE도 높고 ROA도 높다. 부채로 이익을 억지로 부풀리는 기업은 ROE는 높지만 ROA는 극도로 낮다. ROE와 ROA가 모두 높은 기업은 좋은 기업일 가능성이 크다.

부채가 많고, 고ROE인데 저ROE이지만 기업 역량상 충분히 감당 가능한 수준이라면 좋은 기업일 가능성이 크다.

물론 주관적인 요소도 중요하다. 미래 계획의 실현 가능성, CEO의 자질, 미래 산업의 패러다임, 브랜드 가치, 기업의 영업 역량 등은 수치화하기 어렵지만 아주 중요하다. 그러나 이것들도 기본적으로 실적과 재무상태가 건전한 가운데 이뤄져야 한다. 재무제표상 매출과 영업이익을 안정적으로 올리고, 앞으로 매출이 늘고 영업이익이 개선될 가능성이 있으며, 영업비용과 부채를 효율적으로 관리하는 기업을 골라야 한다. 부실기업이나 시대에 뒤떨어지는 기업은 거를 수 있다. 재무제표가 어렵더라도 이것들은 꼭 확인하자.

매수 타이밍의 정석

기본은 '소액으로 정기매수'하기

나는 분기마다 주식을 소액으로만 매수한다. 그러다 결정적으로 저렴해지는 순간에 여윳돈을 끌어와서 대량으로 매수한다. 이때 평상시 눈여겨보던 종목을 새로 투자를 시작하기도 한다. 그렇다면 대체 그 '결정적으로 저렴해지는 순간'이란 언제인가? 단순히 주가가 -10%, -20% 떨어지는 것을 말하지 않는다. 매수든 매도든 언제나 가격이 아니라 가치를 기준으로 판단한다. 주가 자체가 몇%가 내렸는지 보다는 기업가치 대비 얼마나 내렸는지가 중요하다. 다음은 내가 생각하는 우량주를 대량으로 매수하기 좋은 타이밍 두 가지이다.

첫째, 기업 내재가치는 변함없는데 외부요인으로 주가가 급락할 때

일시적 스캔들, 전반적 증시 폭락, 금리인상, 정치적 사건 등은 주가에 영향을 미치는 외부 요인이다. 기업의 가치는 느리게 변하지만, 주가는 빠르게 변동한다. 경영진이 교체 되어도 그것이 실적으로 드러나는 것은 최소 1~2분기는 지나야 한다. 당장 어떤 설비투자나 연구개발 투자를 확대해도 그 성패가 판가름 나는 것은 몇 달, 몇 년 후이다. 기업의 내재가치는 하루하루 등락하지 않는다. 재무 상태, 미래 확장 계획, 사업 방향, 제품 경쟁력, 영업력, 조직력, 생산운영관리 역량, 연구개발 등 하루아침에 변하는 요소들이 아니기 때문에 비교적 장기적 관점에서 파악해야 한다.

그러나 주가는 몇 개의 뉴스로 크게 좌우되기도 한다. 정치적 사건, 정치인의 공약, 법안 통과, 몇몇 전문가의 전망, 외교 갈등, 선거, 정치인이나 CEO의 말 한마디 등. 또는 투자자의 단순 변덕, 심리적 요인이 영향을 미치기도 한다. 외부적 사건으로 주가가 크게 떨어져도, 좋은 기업의 내재가치는 변치 않는 경우가 많다.

주가가 급락해도 기업 내재가치만 살아있다면 매수타이밍이다. 기업의 내재가치와 주가 변동의 시간차 속에서 매수타이밍을 잡을 수 있다. 주가 하락에 영향을 미칠 대부분의 사건은 기업의 내재가치와 직접적으로 관련이 없는 요인들이다. 기업의 가치는 그대로인데 심

리적, 일시적 요인으로 가격이 떨어졌다면, 이는 좋은 기업을 싼 가격에 매수할 좋은 기회이다.

여기서 '일시적'이란 말은 장기적 관점에서 보자면 몇 주나 몇 달도 이 기간에 포함될 수 있다. 2020년 3~4월 코로나19 확산으로 증시가 공포감에 휩싸였을 때가 그 대표적인 기회였다. 2018년 10월의 주가 하락기도 돌아보면 좋은 매수 타이밍이었다. 당시 미중 무역갈등과 미국 금리인상 부담이라는 외부적 사건 때문에 전반적으로 증시가 떨어졌다. 낙폭도 크고 하락 기간도 길었지만, 냉철히 기업 내재가치를 돌아보면 좋은 투자판단을 할 수 있다.

주가가 크게 떨어졌을 때 대응 전략

그렇다고 주가가 크게 떨어지면 무조건 추가매수로 물타기 하라는 의미는 아니다. 주가가 급락한다면 그 원인을 살펴봐야 한다. 주가 변동에 겁먹지 말고 차분히 이성적으로. 주가 하락 원인이 기업의 내재가치에 장기적인 영향을 주는 사건인지 파악해야 한다. 급락 원인이 장기적으로 기업 내재가치를 훼손하는 사건이라면 매도하는 것이 좋다. 그러나 급락 원인이 기업 내재가치에 큰 영향이 없는 일시적인 요인이라면 오히려 추가매수를 하는 것이 좋다.

둘째, 효과적인 연구개발/설비투자 비용 때문에 일시적인 어닝 쇼크가 발생한 후 주가가 급락했을 때

'어닝(earning)'이란 기업의 실적 또는 순이익을 말한다. 기업의 실적이 예상치보다 좋냐/나쁘냐에 따라 어닝 쇼크와 어닝 서프라이즈로 구분된다. 기업의 실적이 예상치보다 높으면 '어닝 서프라이즈', 예상치보다 낮으면 '어닝 쇼크'라고 부른다. 어닝 서프라이즈가 발생하면 주가가 오르는 경우가 많고, 어닝 쇼크가 발생하면 주가가 떨어지는 경우가 많다. 특히 고평가가 심한 성장주는 어닝 쇼크에 민감하게 반응해서 주가가 더 큰 폭으로 떨어지는 경향이 있다.

영업이익 악화가 '10보 전진을 위한 1보 후퇴'라면 매수해라

영업이익이 안 좋게 나왔다면 둘 중 하나, 또는 둘 다이다. ① 매출이 줄었거나(물건이 적게 팔림), ② 비용이 늘었거나. 그런데 영업이익 악화가 10보 전진을 위한 1보 후퇴인 때가 있다. 이 경우 대부분 매출은 큰 변화가 없다. 대신 판매비, 관리비, 연구개발비, 설비투자 등의 비용 증가로 일시적으로 영업이익률이 줄어든다. 만약 증가한 비용이 향후 영업이익 개선에 큰 도움이 되는 비용이라면 이는 오히려 좋은 신호이다.

예를 들어 카카오는 꽤 오랜 기간 영업이익이 지지부진했다. 영업이익이 적자일 때도 많았다. 오랜 기간 투자자들은 회의감이 느꼈다. 그러나 2020년 카카오는 이전의 큰 판매비와 관리비 지출을 다 만회하고도 남을 영업이익을 선보였다. 이때부터 카카오의 주가는 크게 올랐다. 긴 기간의 투자 기간을 거쳐 결국 큰 수익을 실현한 것이다.

반대로 영업이익 상승이 매수 타이밍이 아닌 경우도 많다. 효과적으로 운용되고 있는 판매비와 관리비 지출을 줄여서 일시적으로 영업이익을 늘릴 수는 있다. 그러나 이런 식으로 영업비용을 줄이면 오히려 향후 미래 매출이 줄어든다. 그저 미래 성장할 여력을 빼서 현재 영업이익을 일시적으로 부풀린 결과다. 아랫돌 빼서 윗돌 괴기랄까. 이런 유형의 영업이익률 개선은 지속할 수 없다.

영업이익률이 높은지 낮은지도 중요하지만, 각종 비용이 효율적으로 운용되는지가 더 중요하다. 매출은 큰 변화 없는 상태에서 영업이익 악화가 되어서 주가가 하락했는데, 영업이익 악화의 이유가 '미래를 위한 투자 증가'라면 적극적으로 매수를 해야 하는 타이밍이다.

이 타이밍을 찾는 법

어닝 쇼크가 발생했다면 가격만 보고 투자를 결정하지 말고 일단 멈춘다. 단순히 실적이 늘었나 줄었나, 예상치를 넘었나 안 넘었나만 봐서는 이 타이밍을 포착할 수 없다. 영업이익 악화의 원인을 파악하는 것이 중요하다. 영업이익 악화의 원인은 여러 가지다. ① 매출 감소 때문인지, ② 비용 지출 때문인지, ③ 비용 지출 문제라면 그 비용이 미래 기업실적을 개선할 수 있는지, 아니면 쓸데없는 비용 지출이었는지 파악해야 한다. 재무제표에서 판매비 및 관리비, 특히 연구개발 지출이 크게 늘었는지를 확인하고 리포트, 사업보고서, 뉴스 등을 통해 최근의 연구개발 지출이 합리적이고 향후 영업이익 증가에 긍정적인지 따져야 한다.

그래도 매수의 기본은 항상 '분할매수'다. 이 두 가지 하락 타이밍은 단 하루만 나타나기도 하지만 며칠, 몇 주에 걸쳐서 하락하기도 한다. 때문에 하루 만에 모든 여윳돈을 쏟아붓는 매수 방식은 추천하지 않는다. 여유자금을 좀 덜 투입하게 되더라도 충분히 나눠서 분할매수를 하는 것이 좋다. 투자의 답은 언제나 요동치는 차트가 아니라 기업의 가치에 있다. 종목선택, 매수, 매도 모두 한 결 같이 기업 가치를 기반으로 판단하는 게 중요하다.

매도 타이밍의 정석

가치투자는 언제 주식을 파는가? 싸게 사서 비싸게 팔라는 (지극히 당연한) 말은 들었는데, 언제 팔아야 비싸게 파는 건가? 좋은 기업에 투자해도 제때 사서 제때 팔아야 한다. 잘못된 투자 타이밍은 ① 섣부른 매도와 ② 미련한 장기투자다. 전자의 경우 성장성과 미래 기대가치가 큰데 당장의 소소한 차익을 실현하기 위해 매도한다. 후자는 미래 성장성이 없어졌음에도 손절하지 못하고 계속 들고 있거나 추가 매수를 계속 하다가 손실액을 더 키우는 경우다.

손절(손절매) : 손실을 본 상태에서 매도하는 것

차익실현 : 수익이 난 상태에서 매수해서 현금으로 만드는 것

장기투자, 가치투자의 관점에서 주식을 매도해야 할 타이밍을 알아보자. 단타, 스캘핑, 스윙 관점에서의 매도는 여기서 다루지 않는다. 이 책에서는 그런 정보를 찾을 수 없다.

매도 타이밍이 아닌 때

사람들이 매도 타이밍이라고 생각하지만 사실 매도 타이밍이 아닌 때가 많다. "최근에 너무 많이 올랐다/거품 같다/곧 떨어질 것 같다." 며 매도하는 투자자가 많다. 이는 좋은 매도 판단 기준이 아니다. 아무리 좋은 기업이라고 생각하고 장기투자를 결심하고 들어왔어도, 막상 주가가 급등하면 차익실현이 하고 싶어진다. 너무 많이 오르면 거품일 것 같은 느낌도 든다. 하지만 단순히 많이 올랐다는 이유만으로는 좋은 매도 판단 기준이라 할 수 없다.

좋은 주식이라면 현재 주가가 오르고도 향후 더 오를 여지가 있다. 설령 잠깐 거품이 끼어서 단기적으론 폭락하더라도 결국 고점을 회복해서 더 높은 주가를 달성한다. '요즘 너무 많이 올랐다'는 두려움과 불안의 감정보다는 기업의 내재가치를 있는 그대로 평가하는 냉철함이 필요하다. 기억하자. 주가는 과거의 행적을 기억하는 생물체가 아니다. 주가가 오를 때가 있으면 내릴 때도 있지만, 지금까지 많이 올랐다는 이유만으로 내리진 않는다.

"현재 손실이 너무 크다/목표 손실률을 넘었다."라는 이유만으로 매도하는 투자자도 많다. 이 역시 좋은 매도 판단 기준이 아니다. −10%나 −20%가 되면 기계적으로 매도하겠다는 투자자도 많다. 마치 그 선이 한 번 넘어가면 다신 돌아올 수 없는 강인 것처럼. 이는 전형적으로 가치가 아닌 가격만 보는 투자법이다. 이 기준은 이상한 점이 한 두 가지가 아니다.

같은 기업을 투자해도 매수 시점에 따라 수익률은 다르다. 오래 전부터 투자를 해와서 수익률이 +50%인 기존 투자자는 오늘 주가가 −20% 급락해도 여전히 +30% 정도로 거뜬하다. 그러나 어제 막 매수한 사람은 오늘 주가가 −20% 떨어지면 바로 −20%를 기록한다. 그럼 기존 투자자는 매도하지 말고, 어제 매수한 사람은 바로 매도해야 할까? 같은 기업을 같은 시기에 가지고 있는데? 게다가 그 목표 손실률에 닿자마자 바로 주가가 상승하는 사례도 많다. 가격만 봐서는 그 마지노선을 넘어서 더 떨어질지, 바닥을 찍고 다시 튀어 오를지 알 수가 없다.

현금이 필요해서 섣불리 매도하는 타이밍 역시 좋은 매도 타이밍이 아니다. 애초에 여윳돈으로 투자했어야 한다. 물론 정말 현금이 필요한데 현금이 동났다면 어쩔 수 없이 주식을 매도해야 한다. 그러나 애초에 그런 상황이 오지 않도록 하는 게 우선이다. 평소에 웬만한 재정 리스크에는 버틸 수 있을 정도로 평소에 충분히 현금 비중을 두는 것이 좋다. 그렇지 않으면 예상치 못한 시기에 손절을 하거나 섣부른 차익실현을 하게 된다.

현금이 필요해서 한 섣부른 매도는 내 경험담이다. 보이스 피싱을 당한 후 정말 싸게 산 주식을 몇 달 만에 급히 매도했다. 수익을 봐서 차익실현을 했지만 이후 그 주식은 훨씬 더 올랐다. 아마 그때 보이스 피싱을 당하지 않았거나, 더 충분히 현금이 있었다면 지금쯤 수익률은 최소 30% 이상일 텐데.

매도 타이밍이 아닌 때

① 최근에 너무 많이 올랐다/거품 같다/곧 떨어질 것 같다.
② 현재 손실이 너무 크다/목표 손실률을 넘었다.
③ 지금 당장 급하게 현금이 필요하다.

가치투자자가 매도해야 할 네 가지 타이밍

첫째, 매수 당시의 판단이 틀린 것으로 판명 났을 때

좋은 기업이라고 생각하고 매수했는데 알고 보니 좋은 기업이 아닐 때는 주저하지 말고 바로 매도 버튼을 누르자. 처음에는 누구나 좋은 기업이라 믿고 투자를 시작한다. 그러나 그 판단이 나중에 틀린 것으로 판명이 날 수 있다. 매수 당시 내가 중요한 정보를 놓쳤거나, 심리적 편향에 빠져서 잘못된 판단을 하는 경우가 있다. 이런 사례는 매우 흔하다.

이럴 때는 매몰비용의 오류에 빠져선 안 된다. 지금 손실이 난 상태인지 수익권인지도 판단 기준이 아니다. 지금 여기의 관점에서 기업의 가치를 다시 판단해야 한다. 그리고 좋은 기업이 판명이 난다면, 내 수익 현황이나 막연한 기대감, 두려움, 믿음, 후회 등의 감정과 상관없이 매도해야 한다. 그리고 빠르게 다른 좋은 기업을 골라서 투자해야 한다. 설령 지금 당장 손실을 보더라도 그것이 미래 수익을 더 늘리는 행동이다.

필립 피셔는 주가 변동성이 확대되는 시기에 이렇게 조언했다. "이런 상황에 적절하게 대처할 수 있는지는 자신의 감정을 얼마나 잘 통제하는가에 달려있다. 특히 자신에게 얼마나 솔직해질 수 있느냐에 따라 좌우된다."

둘째, 산업의 패러다임이 크게 변할 때, 해당 산업 분야가 사양산업이 될 때

구(舊) 패러다임에선 좋은 기업이었지만, 새로운 산업 패러다임에 뒤처지기 시작하는 기업은 매도를 고민해보자. 기업 자체가 좋더라

도 산업 패러다임이 변하는 것은 막을 수도 되돌릴 수도 없다. 처음에는 좋은 기업, 좋은 산업 분야였더라도 새로운 변화에 적응하지 못하거나 해당 산업분야 자체가 사양산업이 된다면 심각하게 매도를 고민해야 한다.

코닥은 디지털 카레라를 최초로 시장에 도입한 기업이다. 서서히 카메라 산업의 패러다임은 필름에서 디지털로 넘어갔다. 그러나 코닥은 기존의 필름 카메라 사업에 미련을 두고 집착했다. 결국 디지털 카메라가 카메라 시장을 완전히 장악할 때 필름 카메라 패러다임에서 벗어나지 못한 코닥은 시장에서 도태되었다. 이 산업 패러다임 변화를 읽지 못하고 코닥에 계속 투자하던 투자자들도 큰 손실을 입었다.

셋째, 기업의 내재가치가 변질되었을 때

매수할 때는 좋은 기업이어서 매수했는데 점점 안 좋은 기업이 되어간다면 매수 낭시엔 분명 좋은 기업이있어도 영원히 좋은 기업이라는 보장은 없다. 경영진의 잘못된 사업 판단을 하거나, 무능한 경영진으로 교체 되어서 기업의 가치는 변질되기도 한다. 또는 기존 주력 제품이 더이상 과거만큼 시장 장악력이 없는 경우도 있다. 처음에는 재무상태를 잘 관리하다가 언제부턴가 부실한 재무 상황을 맞이하기도 한다.

처음 매수할 때는 물론이고, 매수를 한 후에도 지속적으로 기업 가치를 점검해야 한다. 미래 확장 계획은 잘 하고 있는지, 재무 상태가 악화되진 않는지, 주력 상품은 여전히 유효한지 등. 지속적으로 점검하던 중 기업의 가치가 처음 매수할 때와 달리 크게 변질된다면 매도해야 한다.

넷째, 더 좋은 기업으로 갈아탈 때

'그럭저럭 괜찮은 기업'에서 '더 좋은 기업'으로 환승하기 위한 매도이다. '좋은 기업보다 더 좋은 기업'이 있다. 그럭저럭 괜찮은 기업에 투자 중인데, '위대한 기업'이 눈에 보이면 거기에 집중 투자할 필요도 있다. 이때도 매몰비용의 오류에 빠져선 안 된다. 냉철하게 '지금 여기'의 관점에서 판단해야 한다.

이 네 번째 매도 타이밍은 흔치 않다. 대부분 그럭저럭 괜찮은 기업에서 또 다른 그럭저럭 괜찮은 기업이나 테마주로 갈아탄다. 위대한 기업이라고 생각한 것이 단순 착각인 경우도 많다. 아무리 여러 번 신중히 생각하고, 내가 편향에 빠지지도 않고 충분히 검토했는데도 지금 가진 종목보다 훨씬 위대한 종목이라면 갈아타도 좋다.

한마디로 정리하자면 다음과 같다. "가격이 아닌 가치를 보고 매도 여부를 결정하라" 또는 "좋은 기업일 때만 보유하라" 워런 버핏은 이렇게도 말했다. "회사의 내재가치가 만족스러운 속도로 증가할 것으로 기대되는 한, 주식을 영원히 보유할 수도 있다." 워런 버핏은 영원히도 보유할 수 있다는데, 대부분의 투자자는 매수하자마자, 심지어는 매수하기 전부터 언제 매도할지를 걱정한다.

가치투자와 장기투자는 다르다

많은 사람들이 가치투자와 장기투자가 같은 개념이라고 혼동한다. 이는 사실이 아니다. 가치투자자도 때로는 단기투자를 한다. 매수 당시와 기업 가치가 달라졌거나, 기업 가치를 잘못 판단했을 때 매도한다. 지금까지 투자한 금액과 기간은 중요치 않다. 중요한 건 지금 기업 가치가 변했거나 내가 기업 가치를 과대평가했었다는 사실이다.

최적의 매도 타이밍에 필요한 자질은 인내심과 유연성이다. 언뜻 상반된 듯한 자질을 모두 갖추지 않으면 잘못된 매도를 한다. 인내심이 없으면 매도하지 말아야 할 때 매도한다. 유연성이 없는 투자자는 매도해야 할 때 매도하지 않는다. 단지 무작정 10년을 기다린다고 오르진 않는다. 못 믿겠으면 2010년부터 지금까지 10년 넘는 기간 동안 금호타이어 주가가 어떻게 되었는지 봐보자. 이 글을 쓰는 날을 기준으로 12년 동안 80%나 하락했다.

에필로그

미치지 않아도 미친다

"미쳐야 미친다."라는 격언이 있다. 미친(crazy) 수준의 열정과 끈기가 있어야 목표에 미친다(reach)는 의미다. 고전학자 정민은 이 말을 그대로 제목으로 한 「미쳐야 미친다 : 조선 지식인의 내면 읽기」를 출간했다. 이 책은 예술과 지식 분야에서 광기 수준의 열정으로 역사에 한 획을 그은 지식인들을 소개한다. 분명 미쳐야 미친다는 말은 큰 목표를 성취해내는 과정을 제대로 표현한 말이다.

그러나 투자에서만큼은 미치면 미칠수록 목표에서 멀어진다. 정보 소음에 빠지고, 불면증에 시달리고, 본업과 가정에 소홀해진다. 그렇다고 수익이 잘 나오는 것도 아니다. 섣불리 매도해서 더 높은 수익의 기회를 날린다. 거품이 최대치에 이르렀을 때 뛰어들어서 돈을 잃는다. 매매를 반복하다 증권사에 수수료만 헌납한다.

또래 남자보다 일찍 취업한 나는 얼른 돈을 모으고 싶었다. 하지만 방법은 몰랐다. 그저 일찍 취업해서 안정적인 월급을 받고, 절약과 저축으로 돈을 모으는 게 최고라고 생각했다. 나는 부모님의 조언에 따라 열심히 공부해서 그냥 집 앞에 있는 국립대를 갔고 장학금을 받았다. 졸업하고는 일찍 취업해서 열심히 절약하고 저축하며 돈을 모았다. 신용카드 대신 체크카드를 쓰며 월급의 절반은 적금을 넣었다. 부모님의 조언대로 '선저축 후지출' 구조를 구축했다.

하지만 부모님의 모든 가르침을 따르진 않았다. 주식에 눈을 뜬 후로는 주식투자로 돈을 굴리고 있다. 자고로 돈을 모으는 것과 돈을 굴리는 것은 다르다. 부모님은 주식투자 같은 불로소득을 탐탁지 않아 하셨다. 부동산 투자는 본질적으로 투기이며 죄악이라고 생각하셨다. 하지만 당신의 자녀는 지금 주식투자를 하고 있는 것은 물론이거니와 심지어 재테크를 메인으로 한 블로그도 운영하며 이 책까지 쓰고 있다. 이 사실을 알면 가족들은 까무러치지 않으실까.

어릴 때부터 "주식하면 패가망신한다.", "주식은 도박이다."라는 말을 수도 없이 들어왔다. 취업하기 전에는 주식이 뭔지 그 개념조차 몰랐다. 머릿속에는 주식투자라고 하면 아주 부정적인 이미지가 뿌리 박혀 있었다. 집에서 폐인 같은 아저씨가 하루 종일 차트만 쳐다보며 열광과 패닉을 번갈아가며 느끼며 괴성을 지르는 모습이 당시 내가 생각하던 주식투자의 전형적인 이미지였다.

철저한 무관심과 냉소 속에 2017년의 비트코인 광풍은 나에게 아무런 영향을 미치지 못한 채 넘어갔다. 하지만 당시 주변의 많은 사람들, 특히 어린 동생들은 당시 많은 돈을 잃었다. 오를 때의 열기는 '열기를 넘어선 광기'였다. 그리고 내릴 때의 불안은 '불안을 넘어선 패닉'이었다. 그런 비이성적인 행태와 손실을 보며 나는 역시나 투자는 도박이라는 생각이 더 확고해졌다.

주식에 마음을 연 것은 조금 더 나중이다. 취미로 책을 읽다 보니 1년에 50~100권씩 읽으면서다. 독서를 통해 자본주의의 작동 원리와 금리의 개념을 이해하기 시작했다. ① 저금리 시대에 저축만으로는 자산을 쌓을 수 없으며, ② 주식시장은 연평균 7% 정도 상승한다는 사실도 책에서 주워들었다. 근로소득과 저축만으로는 결코 돈을 모을 수 없다.

주식투자의 필요성을 알았지만, 여전히 머릿속에는 광기에 사로잡힌 투자자들의 모습이 생생했다. 돈을 주제로 한 책을 읽다 보니 차트만 쳐다보며 폐인 같은 생활을 하는 '트레이딩' 외에 '가치투자'라는 게 있다는 사실도 알게 되었다. 개념을 한마디로 정의할 수는 없었지만, 어렴풋이 "가치투자를 한다면 도박이 아니다."라는 생각에 도달했다. 2018년부터 조금씩 맨땅에 헤딩하듯 시행착오를 겪으며 주식과 ETF에 투자하기 시작했다. 돌아보면 증시가 폭락하는 시기에 학습동기가 극대화되면서 크게 성장한 시기였다.

2020년에는 코인이 아닌 일반 주식에서 광기에 가까운 열기를 봤다. 지금 개인투자자 중에는 2020년 팬데믹 이후에 주식을 시작한 사람이 많다. 소위 '동학개미운동'이라고 하는 이 기간 동안 흔히 말하는 '주린이'들이 많이 태어났다. 처음에는 우량주 위주로 투자하던 동학개미들은 후에 초심을 잃었다. 기업의 가치를 볼 줄 모르고 낮아진 가격, 풍문, 소문, 테마만 보고 투자하는 사람도 부지기수다.

　테마주를 우량주로 착각하고, 초강세장에서의 수익을 너무나도 당연한 것으로 받아들이고 더 근거 없는 모험을 감행했다. 그리고 주가 걱정에 잠을 편히 못 든다. 새벽에 깨서 미국 주가를 확인한다. 큰돈을 잃고 배우자에게 깨지고, 큰 상심과 죄책감에 빠진다. 본업에 소홀해지면서 자신의 시장가치를 잃어버린다. 가치투자, 분산투자, 장기투자의 기본 원칙을 잃어버린 탓이다. 직장에서는 너도 나도 주식 이야기를 하며 기업의 가치를 분석하지 못한 채 "좋다더라.", "오른다더라.", "존버하면 된다더라."라는 식으로 이야기를 나눈다.

　많은 사람들이 주식 때문에 밤에 잠을 못 자고, 일에 집중하지 못하고, 부부싸움을 한다. 투자자의 대부분이 매수와 매도를 반복하다가 돈을 잃는다. 배우자 몰래 투자했다가 가산을 탕진하는 사례도 종종 본다. 출근해서는 개장시간인 9시가 땡 치자마자 자리에서 일어나 화장실로 간다. 그리고 변기에 앉아 차트와 시세를 확인하느라 한참을 안 나온다. 주식이 대박나길 바라면서 당장 해야 할 공부에서 손을 놓는다.

　이 책은 이런 사람들을 위해 쓴 책이다. 주식에 돈을 넣고도 잠을 잘 자도록, 그러면서도 안정적으로 수익을 올릴 수 있도록 돕기 위해서 말이다. 투자를 처음 할 때는 우여곡절이 많았다. 주식에 관한 조언을 얻을 사람이 없었기 때문이다. 금시세의 원리도 모른 채 금ETF에 투자했고, 베트남 인구가 젊어서 경제전망이 좋다는 말에 베트남 투자도 해서 돈을 잃었다. 수시로 차트와 주가를 확인하며 일에 집중하지 못했다. 유튜브 피드는 소위 전문가란 사람들의 전망과 '뇌피셜'로 가득했다.

이제는 포트폴리오가 안정되었다. 보유종목을 교체할 일도 거의 없다. 배당금은 매월 따박따박 들어온다. 많지는 않지만. 밤에 잠도 잘 잔다. 예전 같으면 한 번씩 새벽에 깰 때 미국주식 주가를 확인했지만 이제는 그러지 않는다. 잃을 때 적게 잃는 투자를 하며 좋은 종목은 장기보유하며 차익을 얻는다.

대학원을 다니며 지도교수님은 항상 "거인의 어깨 위에 올라서라."라고 말했다. 이 말은 원래 아이작 뉴턴이 한 말이라고 한다. 선행연구 분석과 인용의 중요성을 강조하며 하신 말씀이다. 내가 처음 주식투자를 시작할 때에는 계좌를 개설하고, 종목을 선택하고, 매수하고, 매도하는 데 조언을 구할 사람이 주변에 없었다. 맨땅에 헤딩으로 투자법을 배워가며 피터 린치, 필립 피셔, 켄 피셔의 책, 워런 버핏의 인터뷰, 이들의 투자원칙을 모아둔 많은 작가들의 책이 나에겐 어깨를 밟고 올라설 '거인'들이었다.

이 책을 통해 직접 시행착오를 겪으며 배운 투자원칙을 독자 여러

분께 공유하고자 한다. 당연히 나는 거인이 아니다. 평균 키마저 미치지 못 한 사람이 그저 까치발 들고 있는 수준일 지도 모른다. 이 작은 사람의 어깨나마 밟고 올라선다면 또 조금 높은 시야를 볼 수 있지 않을까. 혹은 이 사람을 밟고 서는 게 아니라 싸워서 쓰러트리고 새로운 원칙을 세워도 좋다. 이 책의 소소한 투자 원칙과 경험이 독자 여러분께 일말의 도움이나마 되었길 희망한다. 제대로 된 투자 조언을 구하지 못했던 과거의 나를 생각하며 말이다.